JE VOULAIS ÊTRE MARIN,
MISSIONNAIRE
OU BRIGAND

CARNETS INTIMES ET PENSÉES CHOISIES

DU MÊME AUTEUR

100 poèmes contre la misère
Les Combats d'Emmaüs

L'ABBÉ PIERRE

JE VOULAIS ÊTRE MARIN, MISSIONNAIRE OU BRIGAND

Carnets intimes et pensées choisies

Textes rassemblés et présentés par Denis Lefèvre

le cherche midi

© le cherche midi, 2002.
23, rue du Cherche-Midi 75006 Paris

Vous pouvez consulter notre catalogue général et l'annonce
de nos prochaines parutions sur notre site Internet :
cherche-midi.com

Introduction

Des carnets intimes du jeune Henry Grouès, adolescent mystique, tourmenté et à l'âme poétique mais accaparé par les doutes et parfois la détresse, aux coups de gueule médiatiques de ce curé bientôt nonagénaire qu'on lit et qu'on écoute respectueusement presque religieusement... quel destin fabuleux relatent ces textes écrits par l'abbé Pierre pendant près de huit décennies.

Destin d'un homme, né avant le premier conflit mondial, qui a vécu avec une rare sensibilité tous les soubresauts du XXᵉ siècle et qui, depuis vingt ans, se classe dans le trio de tête des personnalités préférées des Français, hier avec le commandant Cousteau et Haroun Tazieff, aujourd'hui avec David Douillet et Zinedine Zidane. Une énigme car, en ces temps de « politiquement correct », l'abbé Pierre a toujours su garder cette insolence certes mesurée mais qui parfois nous empêche de trouver facilement le sommeil.

Ainsi ces textes de colère mettant le doigt là où cela fait mal, ces prêches admonestant des paroissiens trop engoncés dans leur confort bourgeois, ces violents réquisitoires déstabilisant les hommes politiques les plus inflexibles, ces discours de rebelle mêlant subtilement colère et compassion, indignation et provocation, splendides fulgurances et formules qui font mouche.

Sans doute l'un des traits de génie de l'abbé Pierre est-il de savoir se faire entendre par tous ces hommes dont il sait déchiffrer les âmes, de l'homme le plus souffrant au puissant chef d'État.. *Le plus étrange est qu'il est écouté*, comme l'écrit son ami Albert Jacquard, dans *Le Souci des Pauvres, y compris de ceux qui ont le pouvoir. Après que nous avons commis le squatt de la rue du Dragon, il a suffi de quelques minutes, un après-midi dominical, pour qu'il obtienne un rendez-vous immédiat avec le Premier ministre, à la façon dont François (d'Assise) était reçu à Damiette par le sultan Malik. Il est écouté aussi de ceux qui interprètent les lois. Il y a quelques années, les occupants d'un squatt, traînés devant un tribunal, se voyaient enjoints de déguerpir, au nom du respect de la propriété. Aujourd'hui le tribunal exige toujours, au nom de ce respect, l'expulsion des « occupants sans droit ou titre » mais simultanément il demande aux autorités de reloger ces familles, au nom du droit au logement... Cette évolution de la jurisprudence est révélatrice d'un changement profond de la mentalité de notre peuple. L'abbé Pierre serait-il en train de réussir dans notre pays la révolution franciscaine ?*

Ce charisme de l'abbé Pierre s'explique aussi par un talent de communicateur hors pair. Au milieu des années cinquante, ne s'est-il pas fait connaître par un retentissant appel à la radio, étincelle qui embrasera Paris puis toute la France, dans ce que l'on appellera l'insurrection de la bonté mais aussi en participant à des jeux radiophoniques, tel le fameux « Quitte ou double », dont le gain permit à Emmaüs d'acheter un premier camion.

Mais l'abbé Pierre n'est pas qu'un remarquable communicateur. Il est un prophète, non dans le sens religieux du terme, mais dans sa version laïque de visionnaire, dans sa définition sociologique telle que l'exprimait, en 1993, Pierre Bourdieu, lors d'une émission de la « Marche du Siècle » qui réunissait les deux hommes. *Le prophète est un personnage extraordinaire qui surgit dans une situation extraordinaire, lorsqu'en temps de crise, de disette, de pénurie, lorsque les hommes ordinaires, en particulier la prêtrise, ne savent plus quoi dire, le prophète alors parle et dit des choses qui étaient refoulées*, expliquait Pierre Bourdieu. *L'abbé Pierre est quelqu'un qui prend la parole avec véhémence, avec indignation... ainsi le soir des élections, dans l'immense silence bavard, se détache une parole qui dit quelque chose. Il comprend à l'avance des malheurs, et par le simple fait de dévoiler le caché, il anticipe nécessairement.*

Et Dieu sait si l'abbé Pierre a su anticiper. Au lendemain de la guerre, il pressent l'inéluctable mondialisation et devient président du Mouvement fédéraliste mondial. Avant la signature du Traité de Rome, il craint que l'Europe alors en gestation ne s'éloigne trop des peuples qui la composent. À la fin des années cinquante, il met le doigt sur la faiblesse des puissants (les États-Unis, notamment) et la puissance des faibles, annonçant les événements du 11 septembre 2001. Au début des années soixante, il prédit la crise environnementale. Pendant les trente glorieuses, il parle déjà de nouveaux pauvres et prévoit les phénomènes d'exclusion et l'aggravation des inégalités des décennies suivantes. En créant les communautés Emmaüs, il apporte de nouvelles réponses à l'exclusion développant la dimension communautaire, la notion d'hospitalité absolue, la réhabilitation de l'homme par le travail, le respect de la singularité de chacun, le brassage social, la prise en compte de l'homme dans sa globalité, le refus des subventions publiques.

À ces fulgurantes intuitions, il mêle l'action. Car il est sans doute l'un des premiers à combattre la misère, mais aussi à en dénoncer ses causes. Même si beaucoup, parmi ses admirateurs voire au sein du mouvement Emmaüs, ne retiennent de l'abbé Pierre que le volet charité. Ce qu'avait constaté, dès 1957, Roland Barthes dans un texte célèbre : *J'en viens à me demander si la belle et touchante iconographie de l'abbé Pierre n'est pas l'alibi dont une bonne partie de la nation s'autorise, une fois de plus, pour substituer impunément les signes de la charité à la réalité de la justice.*

Au fil des années l'abbé Pierre devient un homme politique et un bâtisseur, sans objectif de carrière, presque naturellement, presque par hasard. *La vie n'est pas un rêve*, aime-t-il répéter, *ni un plan d'homme ; elle est plus un consentement qu'un choix. On choisit si peu ! On dit oui ou non au possible qui nous est donné. La seule liberté de l'homme, c'est de tenir la voile tendue, ou de la laisser choir.*

Pourtant cette vie si riche, diversifiée à l'extrême, qui semble voguer au gré des rencontres et des hasards, n'était-elle pas programmée dès l'adolescence ? À quinze ans, Henry Grouès s'interroge déjà sur son destin : vie contemplative à la saint François d'Assise ou engagement politique à la Napoléon (*Quel orgueil !*

ajoute-t-il) ? En d'autres termes, la grotte ou le peuple ? À moins que ce ne soit les deux à la fois, car toute sa vie, il semble attiré par ces deux idéaux antagonistes, comme s'il refusait de choisir. Se succèdent ainsi, au fil des années, retraites mystiques et engagements publics, vie contemplative et activisme remuant. Et quand il choisit l'un ou l'autre, l'abbé Pierre ne fait pas dans la demi-mesure, c'est passionnément et jusqu'à l'extrême, quitte à vivre ces moments douloureusement, qu'il s'agisse de ces sept années de profonde solitude passées chez les Capucins ou de ce fameux Hiver 54 si éprouvant physiquement et mentalement.

Au fil de ces textes, de ce Verbe, l'abbé Pierre apparaît comme un personnage multiple et un homme de paradoxes. Car il est à la fois :

– ce bricoleur et cet homme de réflexion, que l'on nomme « castor méditatif » chez les scouts ;

– cet homme de dialogue aussi à l'aise avec les chiffonniers qu'avec les grands de ce monde ;

– cette frêle silhouette qui semble si fragile mais qui masque un dynamisme hors du commun ;

– ce solitaire passionné de montagne et de désert qui prise également les assemblées et les plateaux de télévision ;

– ce globe-trotter qui a effectué plusieurs fois le tour de la terre et ce mystique qui aime la poésie et les étoiles ;

– ce prêtre aux propos souvent iconoclastes et anticléricaux, et qui a fait d'Emmaüs, un mouvement profondément laïc ;

– ce résistant qui confectionnait de faux papiers pour faire passer les juifs en Suisse et ce véhément défenseur de l'objection de conscience ;

– cet Européen convaincu, ce citoyen du monde et ce rebelle qui n'hésite pas à franchir les barrières de la légalité, s'il considère que son combat est juste ;

– cet homme politique réformiste mal à l'aise dans le mani-chéisme mais qui intègre sans doute le mieux aujourd'hui valeurs religieuses et politiques, comme l'ont fait avant lui un saint Vincent de Paul ou un Robert Schuman, un Gandhi ou un Martin Luther King ;

– ce créateur boulimique mais si peu doué pour l'organisation ;

– ce chroniqueur avisé des maux de ce monde, dont on oublie souvent qu'il a créé une revue d'information sociale de grande qualité, *Faims et soifs – la Voix des Hommes sans Voix*, tremplin dans les années soixante avec le quotidien *Combat* pour des journalistes soucieux de faire carrière ;

– cet auteur prolifique qui refuse qu'un éditeur le qualifie dans le titre d'un de ses livres de « juste » ;

– ce personnage qui, depuis l'âge de huit ans, souhaite mourir, mais vit passionnément, comme si, constatant que la vie est bien courte, il voulait presque goulûment mener plusieurs vies à la fois...

Sans doute les Français se reconnaissent-ils en ce curé pas tout à fait comme les autres, en cet homme si humain avec ses contra-dictions et son caractère parfois difficile, ses impatiences et ses insolences, ses colères et ses entêtements, son franc-parler et son indiscipline, sa jouissance à parfois défendre les brigands et à déstabiliser les puissants, sans oublier son humour et son humi-lité... bref sa profonde humanité.

D. L.

Repères

1912 :	Naissance d'Henry Grouès.
1931 :	Entrée au monastère chez les Capucins.
1938 :	Ordination.
1942-1945 :	Entrée dans la Résistance.
1945-1951 :	Député de Meurthe-et-Moselle.
1947 :	Installation dans la maison de Neuilly-Plaisance.
1949-1954 :	Fondation des premières communautés Emmaüs.
1954 :	Insurrection de la Bonté à Paris.
1955-1965 :	Nombreux voyages à travers le monde pour lancer et animer de nouvelles communautés Emmaüs.
1969 :	Première assemblée générale d'Emmaüs International à Berne.
1984 :	Face au développement de la nouvelle pauvreté, lancement de la « Banque alimentaire » et du « Noël de l'abbé Pierre ».
1987 :	Création de la Fondation Abbé Pierre pour le logement des défavorisés.
1990 :	Participation à l'élaboration de la loi Besson en faveur du logement des défavorisés.

Depuis, l'abbé Pierre poursuit sa vie hors du commun en intervenant régulièrement en faveur des plus défavorisés, et en voyageant dans les différentes communautés Emmaüs dans le monde.

Mon enfance
(1912-1927)

Comment est née ma vocation

5 août 1912...

Je viens de naître, à Lyon. Quelle drôle d'idée !... Les problèmes commencent alors... Cinquième d'une famille qui comptera huit enfants... Je m'appelle Henry Grouès.

Un premier don reçu de la vie

La force et la profondeur de l'union entre ma mère et mon père, cela a sûrement été le premier grand don reçu dans ma vie.

Mon père...

La famille de mon père est originaire de la commune la plus haute d'Europe après Saint-Véran : Fouillouse, au-delà de Barcelonnette, un pays où se côtoient les rudesses de la montagne, et la douceur de la lumière de Provence.

À dix-neuf ans, à la sortie de son service militaire, il devient chef de famille par la mort de son père. Celui-ci était généreux et fervent dans sa foi, mais son affaire de commerce de toile ne prospérait guère. Lorsqu'il mourut, papa liquida l'affaire, puis partit pour le Mexique, où des parents et amis de la vallée de Barcelonnette s'étaient établis. De là-bas, travailleur acharné, il s'employa à améliorer la vie des siens restés en France. À son retour, il épousa maman dont le père gérait une affaire de tulle à Tarare. Devenu administrateur de sociétés, très vite, il s'attacha à servir, au-delà des affaires, en particulier tout ce qui concernait l'enfance malheureuse.

... et ma mère

Il est beaucoup question de mon père dans les interviews que j'ai pu donner au fil des années. Pourtant maman avait énormément de personnalité. Mais, avec huit enfants et un mari malade, elle était débordée. Mais je n'ai pas le souvenir d'avoir eu des câlins de sa part.

Le confort...

Nous vivions dans un très grand appartement. Si grand d'ailleurs que nous avons appris à monter à bicyclette dans les couloirs.

... et la charité à la maison

Dans mes plus lointains souvenirs de gosse, les mots « sauvetage de l'enfance », « adoption », sont de ceux qui résonnent le plus en moi, tant l'on parlait souvent à la maison de ces deux associations auxquelles papa consacrait beaucoup de son temps et de ses forces.

La prière commune

Chaque soir, toute la famille s'agenouillait pour cinq minutes de prière commune. Voir papa et maman demander ainsi pardon pour ce qu'ils n'avaient pas fait de bien dans la journée ! Tout cela pénétrait nos vies.

Début d'une dissertation que le jeune Henry
a écrite à seize ans sur le thème :
faites la description de votre propre caractère.

Je suis un gosse étrange

Peu de souvenirs me restent de mes premières années. Ceux qui m'ont connu enfant rapportent tous, qu'incompréhensible, insaisissable, je déroutais qui que ce soit. Ils me dépeignent gosse étrange, adoré (je n'en ai nulle souvenance...) aux humeurs bizarres, au front brusquement assombri, aux curieux silences parfois, soudains...

Moi, je me souviens de regards surpris et interrogateurs de ma mère, lorsque je lui sautais au cou et la couvrais de baisers, d'un élan, aux moments les plus inattendus. Je me revois aussi, un peu plus tard, à sept ans, pensionnaire et m'échappant, poussé par des dégoûts que l'on ne soupçonna pas. Je songe encore en souriant, à quelques rêves d'avenir, immenses et splendides qui me tourmentaient... Et puis, c'est tout. Les traits sont peu nombreux, mais si graves, si puissants, qu'ils semblent contenir tous les éléments de mon caractère : impressionnable, spontané, outré, brûlant, fier, voulant ardemment, chimérique, prêt pour les grandes déceptions, trop de cœur, en un mot, et pas assez de tête.

Ma première leçon de morale

J'avais sept ans. Nous étions invités un jeudi à une fête chez des cousins dont les conditions de vie étaient très privilégiées : ils possédaient toujours les derniers jouets, les choses les plus mirobolantes. Or ce jour-là, j'avais chipé de la confiture. Quand on s'en est aperçu, j'ai menti en laissant soupçonner un de mes frères. Finalement, on a su que c'était moi. Mes parents m'ont puni en m'interdisant d'aller à cette fête. Le soir, mes frères et sœurs reviennent chez nous tout exubérants et courent vers moi pour me raconter les jeux merveilleux de cet après-midi. Et moi, je dis à l'un de mes frères : « Qu'est-ce que tu veux que ça me fasse puisque je n'y étais pas. » Sur ce, je tourne les talons, très fier de moi !

Une demi-heure après, mon père m'appelle et m'emmène dans son bureau. Il semblait très malheureux et me dit : « Henry, j'ai entendu ce que tu as répondu à ton frère. Comment est-ce possible que tu ne sentes pas comme c'est affreux ? Alors tu n'es pas heureux lorsque les autres sont heureux ? Il n'y a que toi qui comptes ! Que c'est mal... »

La mort de mon grand-père

Mon grand-père est mort quand j'avais sept-huit ans. Il habitait avec nous. Papa et maman nous conduisirent dans la chambre pour une prière, avant que son corps ne soit mis en bière. Je pensais alors : « Pourquoi ont-ils l'air triste, puisqu'ils aiment bon-papa et qu'ils savent qu'il est maintenant chez le bon Dieu où l'on est plus heureux qu'ici ? "Je me suis dit :" Il est sûrement au ciel, mais moi, je ne veux pas attendre aussi longtemps que lui pour y aller. » Depuis ce temps, je fais toujours la même prière : je veux mourir jeune !... C'est plutôt raté !

Le téléphone et la voiture : mon éveil à la modernité

Pendant la Première Guerre mondiale, mon père malade n'était pas mobilisable. Il a accepté d'être le directeur d'un grand hôpital installé dans un lycée du quartier de la Croix-Rousse, à Lyon. Parfois, je voyais papa parler au mur, puis un chauffeur venait le chercher. C'est ainsi que j'ai découvert le téléphone et la voiture. Je n'en avais jamais vu auparavant.

J'étais abonné au journal *L'Étoile Noëliste* et j'étais à l'affût de ce qui se passait. Nous étions passionnés par toutes ces anecdotes tristes ou joyeuses sur les événements : des tranchées à Guynemer.

Sous l'œil de grand-mère

À la fin de la Première Guerre mondiale, nous vivions dans une belle maison au centre de Lyon. La paroisse était très collet monté. Depuis son fauteuil, ma grand-mère nous surveillait par la fenêtre qui donnait sur la rue Boissac. Lorsque mes sœurs s'attardaient à discuter avec des garçons, elle leur rappelait que cela ne se faisait pas. Et lorsqu'elle m'a vu, jeune scout, pousser une petite charrette dans la rue, elle a demandé pourquoi on n'envoyait pas le valet de chambre pour le faire à ma place.

Mon père, le barbier des miséreux

Papa était un homme très exceptionnel mais d'une grande simplicité. J'ai compris qu'il n'était pas un simple catholique pratiquant, un dimanche matin, lorsque mon frère et moi, alors que nous étions en âge de comprendre, il nous a montré son activité de « barbier des miséreux ».

Avec des amis, il était en bras de chemise, au milieu d'une cinquantaine de mendiants. Il les rasait, leur coupait les cheveux, et leur servait le petit déjeuner. Un jour, malmené par un de ces mendiants, papa nous dit au retour : « Vous avez vu comment je me suis fait secouer et comme c'est difficile de venir en aide aux plus malheureux ! »

La révélation du mal

C'était une révélation du mal. Mais en même temps que du mal de l'amour. Mon père et ses amis n'avaient pas donné leur chemise comme saint François mais ils avaient donné un peu de leur temps libre. Je découvrais les deux aspects d'une réalité extrême.

Je découvre les mystères de la vie

À l'âge de sept ou huit ans, je me suis fait opérer de l'appendicite. Dans la chambre à côté de la mienne, il y avait une fille de mon âge. On se faisait des petites lettres que l'infirmière nous transmettait Le cœur était pris. Ses parents habitaient une propriété jouxtant la nôtre. Au printemps, je portais un bouquet de fleurs que je posais en haut du mur... Ce sont les mystères de la vie et je n'y étais pas insensible.

Je subis une agression

J'avais probablement neuf ans. J'étais interne au Collège des Minimes. J'ai été la convoitise d'un grand qui me pourchassait et essayait de me trouver. Une fois, il a voulu satisfaire..., peut-être est-il excusable parce que ce n'est pas toujours un acte volontaire. Cela ne m'a d'ailleurs pas laissé l'ombre d'une agression à caractère sexuel. Pour moi, cela me paraissait une bizarrerie. Une deuxième fois, je me suis enfui, traversant les couloirs, la salle d'étude des grands où le type était. C'était un désordre absolu. Je pensais que si j'étais pris, je serais pris par les gendarmes. Mes frères et mes sœurs ne l'ont jamais su. Je ne l'ai jamais raconté à personne. Cela reste en moi un moment fort. C'est la première fois où j'ai accompli un acte véritablement personnel, entouré d'aucune influence.

On me nomme « Castor méditatif »

Chez les scouts, à quatorze ans, j'ai été totémisé « Castor méditatif ». C'est assez extraordinaire de réalisme et de prévision ce surnom, alors que je devais passer tant de ma vie à bâtir, et tant de ma vie à méditer. L'enchevêtrement en moi de la rumination et de l'action, le besoin d'agir et le besoin de temps de solitude, tout cela a toujours été très fort, même si se manifestait plus d'impatience d'action.

Mon premier modèle

Ma jeunesse, comme celle de beaucoup de mon âge, a été profondément marquée par celle d'un jeune homme, Psichari. Son grand-père, Ernest Renan, était au sommet de toutes les gloires humaines. Académicien, il avait été croyant, avant à travers ses livres de semer le doute. À vingt ans, Psichari a tenté de se suicider. Sauvé au dernier instant, il rompit avec tout et partit au Sahara. Là, une nuit, il tomba à genoux et, dit-il, dans ses livres *(Le Voyage du Centurion, Les Voix qui crient dans le désert)* : « Du fond des âges surgit dans mon cœur, plus fort que les dires du "grand grand-père" : Notre Père qui êtes aux Cieux... » Il avait aussi écrit cette phrase : « Non, ce n'est pas vrai que la Vraie Route soit celle qui ne mène nulle part ! » C'était un peu avant 1914. Dans les premiers jours de la Première Grande Guerre mondiale, il tombait, comme Péguy.

Je veux être marin, missionnaire ou brigand

Un jour, alors que j'étais dans le train quelque part entre Berck et Boulogne, une dame me demande, ce que je veux faire plus tard. J'ai alors répondu : « Je serai marin, missionnaire ou brigand ! » Avec le recul, la vie ne m'a-t-elle pas permis de réaliser ces trois vocations : d'abord comme aumônier de la Marine, à la fin de la guerre ; puis missionnaire à travers les fondations Emmaüs établies sur tous les continents ; et, enfin, pour nombre de braves gens, plus ou moins suspect d'être brigand pendant la Résistance, ou en accueillant des compagnons considérés comme peu recommandables ?

Je choisis d'être missionnaire

Il y avait près de chez nous un musée sur les Missions où j'allais régulièrement les jours de pluie. Je passais des heures à lire. Un jour, j'ai écrit à mon père qui était en voyage : « À votre retour, j'ai un grand secret à vous dire. » Un soir, il vint m'embrasser et me demanda : «Alors, qu'est-ce que c'est, ce grand secret ? » Je lui dis : «J'ai lu une brochure sur les missionnaires et je veux être missionnaire. » Mon père était stupéfait. Il me dit simplement : « Tu sais, cela coûtera beaucoup à ta mère et à moi, mais nous en serons fiers. » Jusqu'à mes dix-sept, dix-huit ans, nous n'en avons jamais reparlé.

Une folle passion

Quand j'étais adolescent, j'ai éprouvé une passion pour un camarade banal qui n'y a jamais rien compris. Une passion à proprement parler, une passion folle. Sa voix de soprano était une merveille, on venait de très loin pour l'entendre chanter à la messe de minuit. Pour moi, il représentait la perfection, puisqu'il avait une telle capacité de beauté en lui. J'étais comme envoûté. Je voulais être ami avec lui à cause de cette voix prodigieuse. Lui me répondait : « Mais oui, on est amis. » J'en suis tombé malade, on a dû m'envoyer six mois à la mer puis trois mois à la montagne.

Mes premiers doutes

Alors que j'étais malade, j'avais lu *Le Discours de la méthode* de Descartes. J'étais ébloui par la « règle des dénombrements entiers » qui représente l'enchaînement des logiques. Tant qu'il n'est pas sûr de pouvoir récapituler des dénombrements entiers, il doute. Cette rigueur de la logique cartésienne avait brusquement mais profondément cheminé en moi.

Quelques mois plus tard, j'étais en classe de seconde, un prêtre me dit : « Tu t'apprêtes à occuper ta vie, à la conduire en fonction de cette foi. Mais si tu étais né musulman, bouddhiste ou athée, sans plus de recherche que tu n'en as fait en écoutant et en disant amen, quelle certitude te resterait-il ? » Je me suis alors retrouvé tout nu.

D'autres événements ont suivi, dont deux furent considérables. Pendant que je lisais toute la littérature panthéiste, je me suis trouvé face à la parole de Moïse rencontrée dans une lecture : « Tu leur diras : "Je suis" m'envoie vous dire... » Cela a été un changement de ma vie intérieure. Et puis, il y a eu ce voyage à Assise.

Le pèlerinage à Assise

Dès que l'on dit le mot Assise, tout se retourne en moi, car ma vie entière est enracinée dans un petit couvent de montagne au-dessus de la ville. J'avais quinze ans, j'étais malade et, au retour d'un pèlerinage de collégiens avec les jésuites, on s'est arrêtés à Assise. Dans la nuit, je me suis levé, je suis parti à pied dans les rues et je suis arrivé devant la forteresse. C'était la semaine de Pâques. J'ai eu là une émotion extraordinaire devant la beauté du lever du jour sur la plaine d'Ombrie. Vers six heures du matin, a commencé le concert de carillons : j'ai entendu tous les clochers d'Assise. Ce fut une émotion extrêmement forte. Et dans la matinée, nous avons visité ce petit couvent très acrobatiquement accroché à des grottes où saint François venait souvent. Je suis parti seul sur un chemin à flanc de montagne... Et là, deux évidences se sont imposées à moi. L'universalité et l'intensité d'action qu'il y avait dans l'adoration. Cette notion d'adoration a été, là, un choc qui a marqué ma vie entière. Car à cette époque, ma foi était remise en cause : le panthéisme avait beaucoup d'attrait pour moi. Lorsque je vais là-bas et que je suis seul, j'embrasse la terre.

Mon adolescence
(1927-1931)

Comment j'étais tourmenté ?

*Pendant sa jeunesse, Henry Grouès écrit
sur des carnets. En voici quelques extraits.*

Les débuts d'une longue souffrance

Je n'en peux plus... C'est fini, je suis découragé ! J'ai trop souffert pour pouvoir aimer encore. Mon cœur est bien éteint. Désormais, c'est fini ; je n'en puis plus... (9 avril 1927)

J'en appelais à Jésus

Des épines, Jésus, voilà donc l'oasis
Où votre cœur habite
Voilà le rendez-vous où son amour invite
Les cœurs qu'il s'est choisis.
Et moi qui longtemps vous cherchais dans les roses
Demandant sur ma route aux fleurs
Le divin Cœur est-il là ?
Mais les fleurs se torsadent dans vos mains divines
Et vous m'avez dit : « Me voilà »
Si les épines vous attirent
Ô mon Jésus, qu'est-il besoin
De vous aller chercher au loin ?
Mon cœur en a qui le déchire
Et l'ensanglantement nuit et jour
Que mon cœur soit votre séjour. (4 août 1927)

Je souffre de la solitude

Pourquoi j'entretiens ma douleur, ma souffrance ? Ce soir, je crois le comprendre. La souffrance élève. Il me faut une expansion à ce cœur bouillonnant en moi. Il me faut une amitié vraiment parfaite, une amitié vraie. Aimer et être aimé, mais surtout sentir que je suis aimé. Ceci, hélas ! Dieu ne me l'accorde pas. Cette expansion qu'il me faudrait, Jésus ne m'en fait pas le don. Voilà ma souffrance. Mon cœur étouffe, mais mon cœur est chair. S'il ne peut trouver cette amitié idéale, ce débouché à l'ardeur de son « amour », hélas ! Satan sera là pour le tenter, le tenter terriblement. Mon cœur est chair. Il sera tenté, puisque l'amour idéal lui est refusé, de se révolter dans sa souffrance, et d'y chercher une solution dans une amitié charnelle...

En souffrant, je sens que je m'élève vraiment. Par la souffrance, je suis au-dessus de la masse, au-dessus du vulgaire. Dans la souffrance, je suis seul, me semble-t-il. Voilà par conséquent ainsi la raison toute trouvée de ce que je me ferme. Mais il est des jours cependant où cette souffrance est impossible seule. J'étouffe. Mon cœur éclate... Puis bientôt mon cœur dégonflé se referme. C'est fini jusqu'au jour où, sur une tentation plus forte, par conséquent sur une souffrance inconsciente mais volontaire plus forte aussi, je me rouvre à nouveau pour me refermer. Ainsi ce soir, ô Jésus, au secours. À qui parler ? Seul, je suis seul, plus seul que jamais. J'ai failli tomber, oui, mais j'ai désormais ma souffrance. Croyez qu'elle ne sera plus du tout inconsciente. Je ne veux pas baisser : je veux souffrir. C'est une vie terrible que je veux. Mais ainsi, j'aurai Jésus, j'aurai le ciel. Merci Jésus, j'accepte. Je veux désormais absolument consciemment souffrir... Votre enfant Henry. (23 août 1927)

Je me sens faible

Jésus, oh je suis faible ! Au moindre obstacle, je m'affaiblis, je succombe souvent. Pardon, ô Jésus. Je vois oh oui, je vois que pour faire ce que tu veux, pour ne plus vivre que de toi, que pour toi, il me faut ton aide. Je suis trop faible. Je ne suis rien ! Et toi, tu es tout...

Si je veux être un bon vrai missionnaire, il me faut chasser ce cafard persistant qui m'assiège. Seul c'est impossible. Avec toi, c'est si facile...

Et comment se fait-il que moi qui n'ai rien, il me soit si long et si dur pour te donner mon cœur, la seule chose que j'ai d'un peu présentable puisqu'il est fait à ton image. (31 août 1927)

Et je cherche un cœur à qui me confier

Ô mon Jésus, pourquoi me condamner à vivre seul, à ne jamais trouver près de moi un cœur à qui me confier, me donner, à qui crier en des jours comme aujourd'hui ma douleur.

Pauvre petit carnet, qui m'en tient lieu, sur lequel j'ai marqué depuis six mois tous les chagrins que mon cœur a subis, que tu me sembles bon en ce jour ! Mais cependant que tu es froid, que tu es peu réconfortant pour moi. Lorsque j'étouffe, quand mon cœur souffre trop, trop, tu me permets de m'épancher. Mais où trouver un ami qui transforme les larmes qui remplissent mon cœur en des pensées d'amour...

Mon carnet me permettant d'épancher mes larmes (il n'y a que des larmes en ces pages noircies d'encre)...

Et vous, Jésus, depuis si longtemps que je vous supplie, que je pleure à vos pieds, n'avez-vous donc jamais pitié de moi ? ...

Est-ce que je prie mal ? Comment faut-il donc faire ? Je ne sais pas...

On m'avait dit que vous étiez Dieu bon et miséricordieux. Je vous trouve sourd et inflexible. Jésus, il est si beau, si plein d'amour, ce beau nom de Jésus...

Non Jésus, c'est une épreuve que vous m'envoyez. Pardon de ne pas savoir la prendre comme je devrais. Ne m'en voulez pas pour cela...

J'aime, j'aime, j'aime, Vous, vos créatures, tout, trop peut-être. Pardonnez-le moi. C'est vous le premier coupable. Pourquoi m'avoir donné un cœur si aimant ? Merci tout de même, Jésus de cette épreuve. Sûrement est-ce pour mon bien, je veux croire que vous me l'envoyez uniquement pour mon bien. Je veux croire que vous m'aimez. Jésus, Jésus.

Et je veux espérer en un avenir meilleur.

Ô Jésus, souvenez-vous de mes souffrances. Je vous les offre pour l'éternité de mon prochain et pour la mienne.

Je suis en lutte quotidiennement

Qui suis-je ? Un enfant comme tous les hommes, composé de pas mal de contrastes et d'oppositions qui, à première vue, semblent incompatibles, qui après réflexion se trouvent inexplicables et seraient incroyables si leur présence n'était pas sans cesse là et ne se révélait pas si fréquemment.

Je crois que le trait le plus important de mon caractère, mais aussi le plus caché, celui qui de tous est le plus fort moteur de toutes mes pensées et de toutes mes actions, mais aussi celui que je m'efforce le plus non pas d'étouffer, mais de dompter, mais de transformer est : un cœur avide d'une âme à aimer et d'un cœur qui lui réponde. Je dis bien que ce trait de mon caractère, je veux le dompter, car il est d'une violence qui ne s'est révélée que d'une façon très soudaine. Il est violent mais délicat. (16 septembre 1927)

Mais j'ai aussi mon romantisme

Je suis rentré ce soir en vélo par un clair de lune, une nuit d'une poésie merveilleuse. La lune éclairait et faisait miroiter le Rhône à travers les grands peupliers. L'eau se parait de mille reflets argentés. C'était féerique. (8 octobre 1927)

Parfois la paix revient

Après pas mal de jours sombres, la paix commence à venir tout doucement. (23 octobre 1927)

D'autres fois, je m'avoue vaincu

Ce soir, j'ai à compter une défaite. Oui, j'ai eu le cafard, j'ai perdu pied, je le reconnais...

Seul, seul... Voici au fond ma vraie souffrance... (31 octobre 1927)

Mon adolescence (1927-1931)

En octobre 1927, Henry Groués tombe gravement malade.
Il part à Cannes, chez un vieux prêtre
qui accueille de jeunes adolescents.

Je suis à bout

Dix-sept jours que je suis au lit ! Dix-sept jours remplis de visites de tous et parmi toutes ces visites, pas une, non, pas une d'un type qui me soit vraiment ami...

Mon Père, je suis au lit depuis le 1er novembre. Je vous écris car je n'en puis plus, je suis à bout. Je souffre trop.

Il est onze heures du soir et je ne dors pas. Je suis au lit miné par la souffrance de mon cœur. Il éclate, il ne peut renfermer ses souffrances. Pardon, si je vous ennuie avec toutes mes histoires. Je suis fou, allez-vous me dire. Hélas ! Je me le suis dit plus que vous ne pouvez me le dire, et ma souffrance est toujours là, toujours aussi forte...

Je souffre et cette souffrance me tient cloué idiotement au lit où je m'affaiblis, où je m'anémie, où, si cette solitude se maintient, je mourrai, je le sens. Alors ?...

Les docteurs parlent de m'envoyer à la mer, à la montagne. Demain, ils doivent me radiographier, puis faire l'analyse de mon sang, etc.

Votre prochaine lettre, où m'atteindra-t-elle ? Sera-ce à Boulogne, à Cannes, à Nice, à Briançon ? Dieu seul le sait. Dans huit jours, ma solitude sera un peu plus profonde. Ce sera une souffrance de plus.

Au secours, mon Père, je n'en puis plus, au secours !

Je ne puis me décider d'envoyer cette lettre, mais je la conserve tout de même. C'est la troisième que j'écris en quinze jours et la troisième que je n'envoie pas. (17 novembre 1927)

Et toujours subsiste le doute...

Chef Eugène m'a dit que les Cigognes marchaient bien, que c'était une des patrouilles les plus chics. Merci. C'est vous qui avez tout fait, ô Jésus, je n'ai été qu'un pauvre type désemparé, le plus désemparé de tous les scouts de la patrouille et voilà que l'on me dit que mes scouts sont épatants. (29 novembre 1927)

... avec parfois des rémissions

Cannes, me voici à Cannes... Il me fallait quitter Lyon, mes scouts, la troupe, le collège, mes camarades, risquer fortement mon bachot. Il le fallait, je l'acceptais, me consolant tant que je pouvais, et oubliant les ennuis dans la joie d'être libre... libre... La mer, je me voyais seul, bien seul, pouvant songer en liberté, face à la grande nature, au milieu des pins et des palmiers, dans le vent, sur les rochers, au milieu des vagues venant mourir à mes pieds. Je me voyais libre, libre devant vous, libre comme le jeune poulain, qui voit les prés et les bois, les ruisseaux et les lacs, et qui, libre de toute entrave, s'élance, crinière au vent. Je rêvais de vous aimer seul à seul, face à vous, plus près de vous, libre.

Libre, libre, libre.

Ô Jésus, quel est donc le charme que vous jetez sur ce mot, pour qu'il ait pu en un instant me faire tout accepter, tout oublier presque...

Le docteur a décidé maman à me mettre avec un ami et d'autres garçons de mon âge. Maman me croit tout heureux d'avoir des camarades. Laissons-lui cette joie...

Je serai surveillé, gardé, tenu, ne l'avez-vous pas été, vous ? Ne vous a-t-on pas emprisonné ? Merci. (3 décembre 1927)

J'ai un camarade mais...

Ô Jésus, je vous aime, que vous êtes bon, je me sens tout heureux ce soir. Je ne sais pourquoi. Je crois que ce petit qui va être mon camarade est gentil. Je ne m'ennuierai pas. (1927)

... plus tard, je découvre la vraie amitié

Ma vie a été pour toujours marquée depuis mon âge de quinze ans par la parole d'un autre Saharien qui, lui aussi, devait tomber en 1942. Il était mon plus intime ami de collège. J'avais dû, malade, être envoyé au bord de la mer. Nous nous écrivions. Horrifié de ma tristesse, il me harcelait de ses lettres. Il s'appelait François Garbit.

Je fais une nouvelle rencontre avec François d'Assise

J'ai eu la chance de mettre la main sur le meilleur livre écrit à l'époque sur saint François, celui de Joergensen, le plus documenté et le plus rigoureux du point de vue historique. La lecture de cet ouvrage, fleurie de mes impressions du passage à Assise, a été décisive. (1927)

François Garbit écrit une lettre
à Henry Grouès en février 1928

Il est un écho à mes souffrances

Bien sûr qu'il y a sur terre des vilenies... Mais je ne comprends pas comment cela peut te faire trouver la vie mauvaise. Chacun fait ce qu'il veut de la vie. Les uns la traînent dans la boue. En quoi salissent-ils la nôtre ? Ils nous montrent comment on peut la rendre ignoble. Profitons de la leçon, et faisons-la splendide !

La vie est par elle-même splendide. C'est la plus belle création de Dieu : il l'a donnée à l'homme. On ne peut pas la rendre plus belle qu'elle n'est déjà. Mais on peut l'accomplir si pleinement qu'au jour de la mort on la rende telle qu'on l'a reçue !

Pour la voir si belle, c'est-à-dire telle qu'elle est, il faut être pur et avoir de l'idéal. Voilà deux qualités qui ne te manquent pas. Alors, il ne te manque que de la regarder, de l'interroger, de lui chercher un sens.

Tu te rends compte, toi-même, que ce rêve te fait nourrir des sentiments vains, paralyse toute ton activité, arrête tes élans d'idéal...

Mon cher, la vie est faite d'amour. Elle en est pleine. Mais il ne faut pas croire que la vie tient dans un amour. C'est la rapetisser. La vie englobe tous nos amours (amitié, amour filial, paternel, amour des époux, amour de sa carrière, etc.) mais elle les dépasse infiniment. Un seul amour ne peut la remplir tout entière. Ou plutôt si... L'amour de Dieu doit pouvoir remplir toute une vie. Mais aucun de nos amours terrestres, si élevés soient-ils, ne pourra la remplir. Elle est trop grande !

Regarde. Ceux qui ramènent la vie à l'amour d'une femme sont des insensés. Ceux qui la ramènent à l'amour de leurs aises, sont des égoïstes. Tous les grands vices ne font que ramener la vie à leur mesure, la rapetissent à leurs dépens.

Que te restera-t-il, m'as-tu dit, lorsque tu auras perdu ce rêve ? Eh bien, il te restera la vie qui est bien plus vaste que tous les rêves que l'on peut faire !

Et si tu veux des données plus pratiques : qu'est-ce que la vie à notre âge ? À notre âge, nous cherchons le sens de la vie ; nous cherchons ce qu'est notre vie. Et cela, c'est l'avenir. Quant au présent, eh bien, c'est le travail, le scoutisme, c'est tout le bien que l'on peut faire à sa famille, à ses camarades, à ses scouts.

La vie, c'est la gaieté que nous faisons rayonner autour de nous. C'est la lutte perpétuelle contre nous-mêmes. La vie à quinze ans, c'est le grand combat de la pureté (où nous sommes si souvent vaincus, mais on se relève). La vie, mais nous sommes en train de la préparer. De cette préparation, elle dépend tout entière....

La vie, nous la faisons maintenant. Plus tard, nous la vivrons chacun à notre manière, et d'autant mieux que nous l'aurons mieux préparée.

Tu me parles quelque part d'années vides... Le mot m'a fait sursauter. Vides, les années de quinze à vingt-cinq ans ? Mais non, remplies, débordantes de toute la vie qui monte en nous et qui veut s'épancher de toute part, qui monte en nous comme la sève au printemps qui ne portera les fruits que l'été. La tâche est sublime si on la comprend.

Ce n'est pas aujourd'hui qu'il faut faire pénitence pour les péchés des hommes ou accomplir des actions d'éclat !

Aujourd'hui, il faut s'y préparer, s'y préparer en remplissant les quelques devoirs de la vie d'un jeune homme !

Quelle belle chose de penser que nous préparons notre vie inconsciemment, tout doucement. Comme le plus simple geste prend une signification grandiose !...

Continue tout seul cette petite méditation. Il y a énormément à dire, mais cela fait penser à des choses si belles que ma plume n'est plus à la hauteur de mes pensées.

Je veux mourir à la place d'un autre

Ô Jésus, chef Cyrille est là-bas, à l'hôpital, il souffre lui, lui qui m'aimait tant, lui qui m'aidait avec tant d'affection. Il souffre, il va mourir peut-être. Ô Jésus, sauvez-le. Il peut faire encore tant pour votre règne ici-bas. Tandis que moi, je suis encore un gosse, un gosse plein de défauts, un gosse qui ne pourra jamais faire autant de bien que n'en fera chef Cyrille. Prenez-moi à sa place. S'il vous plaît, Jésus, à sa place, moi. Prenez-moi. (14 mars 1928)

Ma chambre est un musée !

Me voici là, à nouveau, enfin, chez nous. Chez nous. Ce « Vieux Port » dont tout ami a dû si souvent s'entendre redire les vertus, qu'il est bon... Que je l'aime, cette grande maison blanche, que je l'aime, ce grand parc, aux coins cachés et mystérieux, aux taillis silencieux où l'on entend en paix le rossignol ou la fauvette, où l'on peut parfois, parfaitement innocent, se surprendre à faire un vers, ou à rêver de tous ceux qu'on aime... où l'on pleure souvent...

Et surtout et enfin, que je l'aime, « mon nid », ma chambre.

Qu'elle est douce, qu'elle est bonne ! Comme elle sait se taire et comme lorsqu'on est songeur, on s'y sent entouré de regards, de pensées, de cœurs amis et aimés.

Comme elle sait parler, chanter aussi, surtout, cette chambre si bonne.

Comme elle sait tenir chaud, là, bien au cœur ; comme elle sait consoler, arrêter les larmes, les adoucir et les sécher en un sourire d'amour aux pieds du Crucifix.

Ma chambre ! Quel amas de souvenirs ; quel musée, quel repaire d'antiquaire, plein de poussière de vieilles choses respectées... Ce soir, longtemps, longtemps, j'ai regardé chaque chose bien près, puis bien loin, et quels bons dialogues nous avons échangés. (20 août 1928)

Je suis heureux de rentrer

Hier, toute la journée, ce fut l'enivrement du retour. Ce fut la joie si douce et si violente tour à tour, les impressions si multiples, du malade qui après un an se lève et revoit les coins aimés, les endroits, où fort, il avait vécu, joui, souffert, aimé...

Le matin, ce fut le réveil, là, au sein de tous ces souvenirs, ce furent à nouveau les longues causeries avec ces vieilles choses. Ce fut la joie de nos levers du soleil retrouvés, brumeux, indéfinissables, pleins de rêves. Ce fut le spectacle de la belle vallée tout humide de rosée, étincelante sous les rayons du soleil.

Puis ce fut le plaisir de la rude montée à travers le jardin en goûtant tous les souvenirs des folles parties passées.

Puis, ce fut la brève course à bicyclette, interrompue par les « bonjour, M'sieur Henry » qui font si chaud, là, au fond du cœur. Ce fut la visite à notre vicaire. Ce fut la longue causerie sur « mes gosses »...

Ce fut la redescente, dans l'âpre vent de la course, emmenant le gosse sur mon cadre comme autrefois.

Ce fut l'« au revoir, M'sieur Henry ».

Ce fut enfin, après les courses à Pierre-Bénite le premier repas de midi, tous autour de la grande table de chez nous.

Ce fut, le soir, les causeries sur la terrasse, au pied des grands marronniers, qui roussissent déjà annonçant l'automne...

Puis, ce fut ma première visite dans le pays, chez les « gosses ». Je revis Pierre que j'embrassais aussi. J'appris qu'il rentrait cet hiver au petit séminaire. Tant mieux, je pourrai le voir à Lyon. (22 août 1928)

J'ai la volonté de devenir un saint

De ce jour, je veux arriver à devenir un saint. Je veux me faire un plan de vie sainte pour jusqu'au bachot. Puis j'en ferai un autre pour l'année et je les tiendrai, je le veux. (31 août 1928)

Est-ce effrayant de vouloir trop aimer ?

Qu'il est difficile de se comprendre soi-même !

Une âme, quel abîme ! Lorsque l'on s'y penche pour y lire quelque chose, on ne voit qu'une image, toujours la même. C'est un Dieu qui apparaît au travers.

Une âme ! Qui n'a jamais pu sonder une âme ?

Et une âme de seize ans, alors que tout y est en germe, que bien peu a poussé, que rien n'a mûri. Il est impossible de comprendre une âme de seize ans...

Mais il paraît qu'au bord de l'abîme de la Vie, le sentier est trop étroit qui mène à la paix du cœur, pour qu'on y passe à deux, deux qui s'aiment...

Je pense trop. Je le sais. Je ne peux pas faire autrement. J'ai la tête pleine, débordante d'idées, de problèmes, de questions. Quand les aurai-je enfin éclaircis ? ...

Je sens d'une sensibilité énorme. Je pense, j'aime, je souffre, je suis calme, et pourtant le cœur en feu...

Et voilà qu'en rêvant, qu'en pensant, je sens à nouveau mon cœur se prendre d'un besoin d'ami, d'aimer, d'aimer, d'être aimé aussi. Et l'on me dit que c'est mal ! Mais je sens que c'est bon. La voix de mon cœur ne peut me tromper. Dieu ! c'est beau d'aimer. Ce ne peut être défendu dans votre loi, Jésus. Non, ce ne peut être défendu, je ne peux pas le croire. N'est-ce pas qu'il est bon et beau d'aimer et que nous sommes faits pour cela. Mais pourtant quand j'aime, je ne retrouve qu'amertume, dégoût, larmes, tentation surtout... Serait-ce donc que je n'ai pas trouvé la manière d'aimer ou l'objet de votre Cœur. (1er septembre 1928)

J'ai l'âme rêveuse

Quel drôle de type je suis. Ce soir, sitôt revenu au milieu de mes frères et sœurs, je me suis mis à faire le fou. Depuis deux heures, ils rient, s'amusent, et moi je les fais rire et s'amuser. Je les entends encore à l'étage en dessous riant et répétant les blagues de ce pitre d'Henry. Et moi, monté dans ma chambre, seul maintenant, fiévreux, j'ai l'âme aussi rêveuse qu'avant, plus même. (1er septembre 1928)

Et je recherche l'amitié à tout prix

Aimer, aimer, je dis mais c'est beau, mais c'est bon, c'est réaliser ce pour quoi nous vivons, alors pourquoi dit-on que c'est un leurre, une hallucination, une faute ? ...

Jésus, où faut-il prendre l'aide que je réclame, l'amitié que j'appelle ? Si l'amitié m'est toujours refusée, dans quel abîme ne vais-je pas rouler ? L'amour est là qui promet tout. (2 septembre 1928)

J'apprécie les moments de sérénité

Jésus que la vie est bonne, lorsqu'un peu de paix survient dans l'âme.

Là dans la Lône, je suis seul et je rêve. Je suis heureux parce que je suis calme. Assis dans une clairière, au milieu des saules, sur le tapis moelleux de sable et de fleurs, je jouis des oiseaux et des plantes.

La Lône, c'est toute la poésie de septembre chez nous. La Lône, c'est l'étendue transparente qui reflète tout ce qui l'entoure. La Lône, c'est le calme, c'est un miroir qui sait tout vous faire goûter : les matins brumeux et humides, les midis lourds et orageux, les crépuscules de paix, dans la brise de la nuit qui se lève, passe en vous frôlant, qui parle si doucement à l'oreille, qui chante, qui console en vous sifflant dans les cheveux.

C'est tout un rêve, c'est tout un poème que la Lône chez nous ! Lorsqu'à peine tremblante, l'eau court d'un bord à l'autre entre ses digues et ses prairies, au milieu des joncs fleuris, des herbes, des algues, des fleurs, elle est belle la Lône ! Oh, vent du matin qui chasse les brouillards de tes larges coups d'aile ! Oh, vent, ce matin quel est ton chant ! Ton chant toujours en accord avec celui de mon âme, car chacun influence l'autre et toujours ils s'accordent, ô vent, ce matin, caresse-moi et sèche mes larmes.

Je te sens si doux là, tu me saisis par les épaules, agitant à mes côtés, les pans de ma longue pèlerine, tu fais voler mes nœuds d'épaule et mon foulard, tu tournes autour de moi posant sur mon front, sur mes joues une fraîche caresse qui chasse le feu qui me dévore. (3 septembre 1928)

Mais parfois, je me sens abandonné

Mes parents, papa, maman, tantôt je les admire et ils me glacent, tantôt je les sens loin de moi, au milieu des sept autres. (10 septembre 1928)

J'ai des journées de découragement

Hier, journée pénible, journée de lutte, de larmes, de dégoût, d'enthousiasme, de peine, de joies, de honte, de fierté, d'écœurement et de noblesse. (14 septembre 1928)

Je découvre Alfred de Vigny

Jésus, ce soir, j'ai appris à connaître et aimer Vigny. Oui, c'est un chic auteur. Il a senti tout ce que j'ai senti. Il a pleuré d'amour. Il a pleuré de doute. Il a pleuré de détresse. Il a cherché, il a eu peur, il a été troublé par tout ce qui le trouble. C'est le premier en qui je me reconnais tant...

Vigny, donne-moi ta stoïque fierté, Vigny, donne-moi ton amour des cimes et des choses hautes et belles. (17 septembre 1928)

Je suis un romantique

Un cœur qui vibre comme une corde tendue au moindre choc... J'ai seize ans, je vibre trop, je sens tout ce qui m'entoure, et les milliers de choses que je ne puis comprendre, que je ne puis expliquer, rides folles et passagères qui heurtent sans cesse la rive...

Je rêve d'être Vigny, mais un Vigny éclairé et grandi par la lumière. Il faut que j'aie vécu d'ici 1933 la fin de mon service. Après, Jésus, je serai à toi, avant je serai au monde, je veux laisser un nom.

Quatre ans, Jésus, garde-moi durant quatre ans. À vingt ans comme Chatterton s'est suicidé, moi je me jetterai dans ton cœur, Jésus, avant laisse-moi me faire un nom ! (20 septembre 1928)

S'agite en moi une véritable passion

Je crois que l'homme sensible, l'homme qui souffre parce qu'il aime est un élu spécial du Seigneur...

J'en ai voulu au Créateur de m'avoir mis au cœur cette grande pitié qui me met les larmes aux yeux, chaque fois que je songe que dans l'homme que je croise sans cesse, quel qu'il soit, une détresse, une angoisse, un désespoir existent, peut-être, sans doute même, et... qu'il m'est défendu de le soulager, de m'approcher, de relever ce malheureux, de sécher ses larmes, de lui tendre la main.

J'ai haï le monde du dédain, de l'insensibilité avec lesquels il croise la douleur... qui n'est pas la sienne. (25 septembre 1928)

Je fais sacrifice de mon corps

Je ne sais pourquoi, ce soir, mon esprit se reporte à ce temps passé, où, élève d'humanités, à quatorze ans, je portais une chaîne

35

piquante, voulant souffrir pour Jésus... J'étais gosse, un peu plus qu'aujourd'hui, c'était, il y a deux ans. La nuit, je quittais mon lit pour dormir sur le plancher... où je ne dormais pas... Enfin, un jour maman se douta de ma ceinture de clous et me fit promettre de l'abandonner. Je l'ai fait. Eh bien ! aujourd'hui, je me demande si ce ne serait pas à reprendre. Mille lâchetés m'envahissent. (28 septembre 1928)

Ma vie est une lutte quotidienne

L'homme, créature animale que Dieu a punie de sa désobéissance passée, en lui laissant son cœur d'ange, son âme de prédestiné, et en lui jetant la griffe de Satan afin de la saisir, de le rouler, de lui briser les ailes, de lui meurtrir ce qu'il a de plus beau en lui, est ainsi fait que, foyer d'ardeur, d'amour, de générosité, de feu au fond de son cœur, il est sans cesse borné, écrasé, avili, par un corps, domaine et libre possession de Satan.

Il lui faut lutter sans cesse, pied à pied, sauvagement, farouchement, conquérir en incessantes victoires infimes une parcelle de son corps sur l'ennemi. Il faut ne songer qu'à la lutte, ne vivre que pour le combat, s'y donner de toute son âme, sans réserve, sans arrière-pensée, sans réticence, en plein.

Et d'autre part, j'en suis assuré, nous sommes encore ainsi faits que du jour où, pour une raison, même bonne, la lutte se ralentit, l'âme perd rarement tout pouvoir, et tout le travail est perdu. (30 septembre 1928)

J'ai l'âme poète

J'ai en ce moment la tête et le cœur et l'imagination emportés par un grand rêve. Je voudrais faire de la peinture poétique... laisser mon nom à des toiles qui soient des poèmes... des toiles qui permettent au rêve de se développer, qui soient «de beaux yeux, des voiles»..., de la peinture qui chante mieux que les chants ne peignent...

Une toile qui chante ! Une toile qui répare, qui comble le vide produit dans l'Art, depuis que la poésie se lit et ne se parle plus. Une toile qui chante comme chantait la poésie parlée ou chantée par les ménestrels.

Je veux être à la fois François d'Assise et Napoléon

Saint François d'Assise, Napoléon. Je ne sais pourquoi ce soir je rapproche ces deux caractères. Je ne sais pourquoi je les aime ensemble... Je les admire tous deux, j'en rêve d'égale manière, et celui-ci me fait jouir de celui-là, d'une manière vraiment neuve. J'en rêve, oui... et par leur exemple, je veux arriver à les (oh quel orgueil !) égaler si Dieu me l'accorde. (27 octobre 1928)

La violence naturelle de l'homme broie l'amitié

L'amitié veut de la gaieté. Le malheureux qui ne sait plus rire a bien peu de chance de l'obtenir. Et quand il l'obtient, rapidement elle l'abandonne, ne lui apportant qu'une aigreur de plus peut-être ; des larmes, une blessure toujours. Et pourtant, c'est lui qui en a le plus besoin.

La camaraderie, c'est l'état de plusieurs êtres qui vivent depuis assez de temps ensemble pour se mépriser également les uns les autres...

L'amitié est un outil si parfait et si fin qu'il ne peut supporter l'expérience si finement, si délicatement, si parfaitement que deux êtres la tentent.

Il y a en l'homme trop de brute pour qu'il puisse se servir de cet outil sans le gâter, le ternir, le vider ; de même qu'il n'a pas le doigt si fin, si délicat, qui saisissant un papillon, ne lui ternisse les ailes. (9 novembre 1928)

Je réfléchis sur l'esprit humain...

Tandis que mes yeux, que ma mémoire, que les facultés superficielles sont en mouvement au sujet de ce travail, un autre mouvement beaucoup plus profond anime secrètement et sans que j'en aie conscience toutes les autres facultés. (18 décembre 1928)

... et la vie intérieure

Agir, quelle folie, quel enivrement dans l'action. Et quelle plénitude d'action que l'action intérieure. Oui, cette fois j'ai compris la vie intérieure... l'action par excellence. (5 janvier 1929)

Je me fixe des objectifs

Je résumerai ainsi ma vie pour 1929, ce matin :

A / Devenir un saint.

B / Avoir mon bac de rétho.

C / Réaliser la hausse morale et (scoute) des Cigognes. De la prouver. Laver nos quartiers de noblesse.

D / Soutenir, grandir Irigny, y faire du bien nouveau.

E / Aider les autres, après toutes ces choses, dans l'ordre marqué. (6 janvier 1929)

Je sens que la raison m'apporte la lumière

Quand j'ai le cafard, que je sens un état latent d'amertume, de tristesse, de dégoût, ce je ne sais quoi, que j'ai tant de fois dépeint, j'écris quelques lignes, je fixe ma pensée, et le calme, la lumière surtout, la raison règne et tout est remis d'aplomb.

La sensibilité qui me guide toujours, et jamais ne m'a trompé sur des choses importantes, m'égare pour moi-même dans des remous troubles. La raison (que j'abhorre, qui me crispe) apporte la lumière. En ce moment, c'est elle qui me délivre, en ces mots, d'un peu de « ce je ne sais quoi » qui toujours a tendance à m'amollir... (8 janvier 1929)

Je cherche une cohésion à la vie

Oh ! quand verrai-je... enfin obtenir un tableau de ma vie ?... Un instinct invisible, intangible, insensible, qui me crie, qui me hurle qu'elles forment un tout, qu'un lien les unit, selon un graphique, que ce graphique est le tout, le but, le centre, la lumière, la vérité, le calme, la paix, le repos, et ce lien disparaît dans le brouillard de ma pensée, de mon cerveau. Tout se brouille après s'être éclairé un instant. Quand aurai-je dégagé ce lien de ces brumes ! Ce jour-là, j'aurai enfin trouvé la Voie...

La foi me sauve de la folie. (9 janvier 1929)

Ma littérature n'est qu'égoïsme

Toutes ces pages ne sont que littérature. La littérature, c'est de l'égoïsme... (13 janvier 1929)

Je me sens incompris

Jésus a dit que le plus grand amour était de donner sa vie pour autrui... Retenons ceci dans le fond de notre cœur. Soyons prêts sans cesse...

C'est dur. Ce soir, je sais que certains me trouvent étrange, ne m'aiment pas. J'ai des idées qu'ils ne comprennent pas. Ils ne m'aiment pas. Et pourtant, moi je les aimais. (27 janvier 1929)

J'hésite entre la grotte et le monde

Un problème me travaille en ce moment... Quand je serai prêt, maintenant que je t'aime, ô Jésus, quelle est la voie ? Partir pour ne plus vivre qu'en ton amour, penser à toi, t'aimer, oh ! te servir en mettant mon cœur à tes pieds en donnant tout, tout, sans cesse, partir au désert et ne plus penser qu'à toi... Ou bien lutter, batailler, en plein pays de tes ennemis, là, ou en une autre contrée, porter de grands coups, accrocher la croix sur sa poitrine et lutter toujours, sans cesse, en homme de cœur, à la Veuillot, et tant d'autres, crier ton nom et le graver dans les cœurs et sur nos monuments, te rendre la France et batailler en militant à grands coups.

Le premier m'attire tant !

Et le second m'enflamme tellement.

Ô la lutte !

Ô l'amour !

Que veux-tu Jésus ?

Quelle partie dans la vie de saint François d'Assise : la grotte ou le monde ? Car le monde ne sera pas trop grand pour mon ardeur, si c'est la lutte que tu m'ordonnes. (16 février 1929)

J'aspire à une vie semblable à saint François

L'exemple de saint François d'Assise me semble se rapprocher le plus du mien par ses méditations, son action intérieure, et son action extérieure. Je crois qu'il faudrait que je vive une vie fort semblable à la sienne. (22 mars 1929)

J'ai une ambition dévorante...

Je me sens une ambition débordante, et qui me pousse et m'accable. J'ai en moi un instinct de domination, qui me fait souffrir terriblement dès que je suis forcé de me voir au niveau des autres ou plus bas que certains et moins haut que d'autres en quelque sujet que ce soit. (22 mars 1929)

... et un besoin de perfection intérieure

Est-il dans la nature que le fils de parents protestants, le fils de parents catholiques, vive selon des principes d'autorité sans se demander pourquoi ? Je ne crois pas.

Or moi, fils de parents catholiques, je vis une vie soi-disant catholique et éloignée de toute perfection, par le fait que je vis comme je dors ou mange, sans me demander le pourquoi.

Or, je crois, un besoin de perfection intérieure à ma nature, me pousse à vouloir vivre plus parfaitement. (22 mars 1929)

Henry Grouès écrit à seize ans une dissertation sur le thème : décrivez votre caractère. En voici un autre extrait.

Mes passions me tourmentent

Impressionnable, je sens vibrer de façon insoupçonnable mille détails infimes : joies, peines, amertumes, fiertés ou hontes, qui, comme de multiples remous sur le fleuve au passage d'un chaland, viennent frapper les rives, heurtent aux cordes de mon être à mesure que le jour s'écoule et longtemps le laissent vibrer. Le seul mot « sensibilité » prononcé devant moi chaque fois m'émeut. Je me dis combien c'est bas et je ne puis m'en convaincre. Il me semble, je crois que c'est grand, tout en sentant au fond que j'ai tort. Je souffre de cet état et, pourtant, je l'aime ; gémissant sous ces atteintes, j'en suis fier.

Captivé soudain par une idée, un être, j'oublie tout ; et ne rêvant plus que de cela, je m'use, me brûle à l'entour, laissant ma tête travailler affreusement, m'exaltant sans vouloir de frein et lentement me minant. Je souffre et veux souffrir, fier de pleurer pour avoir trop de cœur...

Emporté dans tout ce tourbillon d'affection, de peine, d'amour, je sens ma tête parfois tourner, n'y plus résister.

Fréquemment encore, périodiquement presque, je dois m'arrêter, le corps lassé ayant consumé tout son combustible, et refusant de plus avancer.

Alors la raison laisse aller les rênes, et ce sont les longues journées de spleen, au lit, de cafard, de découragement, des appels au Chef, prières ardentes que notent de pauvres cahiers, carnets, fiches ; car à ces moments, ne pouvant plus me résoudre à me confier, j'écris. Depuis trois ans, c'est ainsi...

J'ai aussi l'esprit curieux. Mes cahiers notent d'ici ou de là un problème, une question qui s'est présentée et m'a travaillé. Presque tout ce que nous avons traité depuis deux jours de matière nouvelle, est une réponse claire à quelques-uns de ces problèmes. Je n'apprends, me semble-t-il, pas une chose que je n'aie déjà agitée en ma tête.

Il n'est plus qu'un trait important à noter : c'est l'ambition. Un besoin, un instinct de domination, en même temps que des rêves de beauté et de grandeur, une inquiétude, une impression d'instabilité là où je ne l'emporte pas. Il me faut sentir que je suis au-dessus pour rester en repos, me croire heureux...

Dominer sur un point quelconque, mais dominer. Et la passion est violente, et tout y tend jusqu'à ce que me semble un fait. Mais quand un faux pas, un heurt interrompt cette course, c'est souvent l'écroulement, la détresse... « Trouver le moment où il convient de passer d'un extrême à l'autre, puis celui où il convient d'y retourner, et cela jusqu'à la fin, voilà sans doute la condition du bonheur et de la vie pour moi », notais-je l'an dernier dans mon cahier. Peut-être y a-t-il du vrai. Mais alors, quelle vie !...

Je rêve encore de sacrifice, d'immolation, de martyre ; et puis aussi de gloire, de grandeur. La marine m'aurait..., si je ne voulais aimer, servir le Chef pour être sûr de jouir du ciel ; de ce ciel que je considère, que je vois comme une étreinte éternelle avec Lui, où je retrouverai dans la gloire suprême et la Beauté tous ceux qu'ici-bas j'aime. Voilà une conception de l'au-delà, qui peint certes mon caractère.

Enfin, on m'a dit souvent que j'étais orgueilleux. Je ne puis arriver à le reconnaître. Ambitieux, impressionnable, fier, oui ;

41

égoïste parfois, sous la poussée de tout cela ; mais orgueilleux, je ne puis le croire...

Je veux passionnément, violemment, je veux grand... mais serait-ce de l'orgueil ?

Quant à mon âme sensible et vibrante, éprise d'un rêve idéal, je crois la tenir de mon père, ce saint que je vénère déjà, cet homme qui soutint une vie si atroce, un martyre si splendide... si enviable.

Être digne de tout ce passé, faire la volonté du Maître, surtout... Le saurai-je ? La question est angoissante et me tourmente. La raison prendra-t-elle enfin le dessus ? Sans rien nier des trésors confiés par le Cher, me posséderai-je un jour ? Serai-je (assez tôt pour remplir ma vie, assez tôt pour faire mon œuvre, celle pour laquelle je fus créé) maître de moi ? Je le veux... avec Sa Grâce.

Je désire un cœur d'apôtre

Comme il est étrange que durant trois longs mois, ainsi, j'ai laissé tomber ces confidences qui jaillissaient si impérieusement jadis. Depuis bientôt quatre ans...

Que suis-je devenu ? Mon Dieu... suis-je plus près de vous ? Suis-je meilleur ? ...Vous savez que je vous aime... Mais je suis tout de même si moche, si faible ! Si souvent je vous oublie, si souvent je vous offense, ô Jésus...

Jésus, apprenez-moi, s'il vous plaît, à toujours tout mesurer à votre taille, à ne considérer aucune chose qu'en rapport en Vous... Donnez-moi un cœur d'Apôtre qui sache travailler ardemment pour Vous. (12 février 1930)

J'adore Jésus...

Jésus, je suis fou de toi ; et ne te connais pas. Jésus, je t'adore et t'ignore pourtant encore. (27 février 1930)

... et je prends la décision de le servir

Aujourd'hui anniversaire du mariage de papa et de maman. Fête de leurs noces d'argent, je leur annonce ma volonté de partir l'an prochain pour ton service unique, Jésus. (1er mars 1930)

Je recherche la solitude, la méditation

J'ai la diphtérie... Cloîtré trois semaines au minimum... Autour de moi, on est encore à moitié abruti par cet éclat. Moi, je suis le plus heureux de la bande. J'ai enfin la solitude que je désirais tant depuis le début de cette année tourbillonnante, écrasante de boulot. Je vais pouvoir lire, prier, penser. C'est l'idéal... (17 avril 1930)

Je fais confiance au Créateur...

Ce matin, j'ai fait de la physique. En ces trois semaines, je vais terminer la physique et l'histoire naturelle, et je repasserai ma philo. Et je serai prêt pour le bac. J'ai confiance. Ça ira sûrement comme Il voudra. Je n'ai qu'à Le laisser faire. (19 avril 1930)

... et à ses serviteurs

Hier soir, j'ai trop lu Drumont ; c'est fort remarquable, mais quand on vient de lire la petite sœur Thérèse, et puis saint François d'Assise, vraiment c'est peu, et c'est froid et c'est mauvais. (21 avril 1930)

Fin avril 1930, Henry Grouès rédige un poème pour
son recueil Les Voix helléniciennes

Eh bien, petits, j'ai voulu vous dire ceci :
Si vous voulez vivre pareil bonheur, sachez
qu'il ne vous suffira pas d'être grands
Apprenez qu'il faut être philosophes. – Comment
Vous ne comprenez pas – Mais et les math élém...
Combien, ignorant ce que je vais vous divulguer,
se sont fourvoyés – Vous, grâce à moi vous saurez :
Chez les matheux il n'existe point de ballade...
Ne les en méprisez pas. Ils n'y peuvent rien
La faute est aux math, incapables jusqu'à ce jour
De faire don à leurs fervents d'un digne patron.
Qui sera le saint Thomas des mathématiques ?

43

Je suis heureux dans ma tristesse

Ce soir, Jésus, je me sens un peu vaseux. Mais je suis heureux jusque dans ma tristesse. Car je pense qu'elle est de toi et que tu l'as voulue. Que rien ne vient que tu n'aies prévu. (1ᵉʳ mai 1930)

J'ai la volonté d'agir à l'échelle du monde

Jusqu'en 1914, après avoir montré en 1871 par la hâte mise à libérer le territoire, et le pays, que le fond français était resté bon, capable d'un élan généreux, jusqu'en 14 la France a vécu dans la médiocrité, vie d'un peuple décadent – rien – des riens plutôt, en foule, point de génie, point de gloire, point de beauté...

Peut-être cependant que la génération élevée dans le sang du sacrifice, la nôtre, celle qui naît de l'offrande faite sur le front, saura, elle, rajeunir le pays, le revivifier, et revivre grandement comme avant, jadis....

Mais ces quatre années splendides ne sont-elles pas d'autre part peut-être, oh, mon cœur se brise à cette pensée sacrilège, impie, poignante alors, ces quatre années, oui, où tout se revêt de notre grandeur, de notre fierté, ne seraient-elles pas le chant du cygne, le dernier cri d'un passé qui s'écroule, mais superbe encore dans sa fin, veut mourir en beauté...

L'avenir m'apparaît si vaste ! Rôle politique... Oh, cette France, lutter pour la relever, arriver, être chef. Après avoir longtemps songé, médité, pensé ses destinées, son avenir, son meilleur bien, m'élancer la tête riche d'idées solides, le cœur embrasé d'ambition pour elle, exemple vivant de sainteté, de vie chrétienne, de beauté, d'amour, entraîner à ma suite tout ce qui respire encore la gloire chez nous, chasser la honte et le mal, et tout ce qui est bas, en prendre la place, diriger, lancer le pays vers un avenir digne du passé, ta croix pour signe, ton nom pour drapeau, refaire une France chrétienne, une France française, assumer l'avenir, et puis mourir dans l'enivrement d'avoir rempli une vie, d'avoir fait, moi comme ceux de jadis, don d'un geste, laissant la place à quelque autre digne de continuer....

Mais dans le cloître, si tu me veux ainsi, tout à fait à toi, seul, dans la contemplation, c'est pour la France que je me mortifierai, et tu feras par quelqu'un, s'il te plaît ainsi, ce que j'avais rêvé... Pauvre franciscain, si c'est là que tu m'as placé selon tes plans éternels et parfaits, par les campagnes je prêcherai ton nom et te ferai obéir, servir, aimer, et je relèverai la France, et je la sauverai en la rendant chrétienne comme jadis. (3 mai 1930)

Mais j'hésite toujours entre l'adoration de Dieu et l'action sociale

Mon caractère m'appelle à la vie active – mais la vie active m'effraye... Alors ? Je ne vois pas l'issue. La vie active, si je la choisissais, me dévorerait. Oh, tant de choses sont à faire... La France a tant besoin d'hommes, de chrétiens... Oh non, je ne puis pas choisir l'action, parce que d'une part, pour réaliser mes ambitions, il me faudrait ne pas être d'un ordre, soumis à une obéissance passive, qui m'enverrait faire un cours dans un collège, me faisant abandonner la seule chose qui m'avait décidé à la vie active, et me donnant ainsi dégoût et découragement... et d'autre part, lancé dans la réalisation de mes ambitions, avec mon caractère, je ferais des gaffes et peut-être me perdrais si je ne suis pas lié et soumis étroitement à un chef... C'est une espèce d'impossibilité.

Il me faudrait entrer dans le clergé séculier, être une espèce d'abbé Desgranges... mais en plus vaste, plus réalisateur. Ou même ne pas être prêtre, rester français, chrétien seulement, fonder une famille, et me lancer dans la politique, pour réaliser. (5 mai 1930)

Ma décision d'entrer au cloître va décevoir mon père...

Et je ne suis pas prêt. Et maman, si dévouée, désintéressée toujours, avait les yeux pleins de grosses larmes et je me suis senti le cœur broyé... « Tu aurais pu espérer le prix d'honneur et c'est fini, le prix de sagesse, et c'est trop tard, et une mention au bachot, et tout annonce ton échec. C'eut été bon pour ton père... » Ô maman, chut, chut, ne parlez pas ainsi, vous donnez trop de douleur à votre Henry....

Ils souffriront déjà tant quand, me voyant les quitter, non seulement ils devront me savoir parti, mais me savoir parti pour la vie, et enterré vivant dans l'ombre d'un monastère sans espoir de voir mon nom grandir, leur nom briller en moi ou prendre rang de tes apôtres, comme ils l'avaient rêvé. (8 mai 1930)

... et attrister ma mère

Elle vient d'entrer me dire adieu dans ma chambre. J'écrivais, elle m'a surpris, et ces larmes, oh ces larmes dans ses yeux ! (8 mai 1930)

Je renonce à l'intimité de mes cahiers

En des pages, tachées de larmes, bondées de fleurs séchées et de souvenirs, les échos de tous ces jours de détresse...

Cette page est la dernière de ce cahier... Cahier qui est le reflet de mon âme, qui m'a été un confident, qui m'a été une passerelle frêle, mais toujours existante entre le ciel et la terre, entre Jésus et mon pauvre cœur tremblant, cahier, je t'aime et te fermant, je veux encore dire merci à François qui m'a fait te créer.

J'ai un idéal

Obéissance, libre, raisonnée, aimante. N'est-ce pas là le plus splendide idéal auquel une nature humaine puisse tendre ? (24 mai 1930)

Dieu m'apparaît comme une nécessité

Dieu, un être supérieur, infini, éternel. L'âme a besoin de cette notion de «Dieu». Sa méditation est son rafraîchissement... Une âme privée de cette notion serait une âme éternellement assoiffée, condamnée à l'horreur de la nuit, des tumultes, des foules grossières, condamnée à vivre en des rues étroites et bruyantes et à toujours ignorer les campagnes, les sources, les fontaines, le chant et les caresses du vent dans les arbres, les spectacles imposants de l'espace, de l'immensité... Dieu, cette notion immense, et l'homme s'y baigne, s'y plonge, s'y abîme. Et là, il apprend à penser, là il apprend à désirer, là il apprend à ne pas être satisfait et à vouloir mieux, mieux toujours, pour toujours. C'est en l'idée de Dieu que l'homme apprend à rêver d'infini et d'éternel, ce sans quoi, il n'est pas l'homme. (24 mai 1930)

Je décide de me retirer du monde social

Vivre ! Quel genre de vie ? Quelle vie ? La nôtre est absurde, désespérante ou grotesque, selon que l'on ose en rire ou s'en affliger. Absurde !

Alors ? Oh ! rompre avec toutes ces sottises, ces routines, ces entraves, ces liens sociaux qui lient en abrutissant celui qu'ils effarent, affolent ; celui dont ils font un peureux, un inquiet, un lâche.

La Vie, notre vie, celle de notre société, celle que nous vivons, mais si nous la voyions un instant, un seul, telle qu'elle est, et que nous ayions un peu de bon sens, nous serions ahuris. Ça ne tient pas debout.

Oh ! Rompre, rompre, partir, vivre seul. Dans la pensée enfin, dans une vie sincère véritable, une solitude sur la terre, loin de ces agglomérations ineptes où la bêtise des hommes a fait s'entasser dans des vies lamentablement laides ceux pour qui Dieu avait fait les splendeurs du monde, splendeurs que, quand l'homme ne les a pas anéanties, il les a filmées puis truquées, mécanisées, industrialisées, rendues odieuses.

Oh quel goujat que l'homme !

Fuir en quelque lieu...

« ... où d'être homme d'honneur on ait la liberté. »

Vivre la Vie.

... celle que vous avez imaginée, mon Dieu, et non point celle que l'homme s'est faite.

Vivre une vraie Vie !...

L'Évangile.

Sans lui, il ne faut plus vivre.

S'il n'était pas,

Si je n'y croyais pas, je ne voudrais pas vivre un instant de plus. (24 mai 1930)

Pourquoi j'ai choisi les capucins ?

J'éprouve un attrait très fort pour la famille de saint François, pour les capucins plus que les franciscains, parce qu'ils sont restés semblables au primitif (robe, lit).

Ce qui m'attire chez saint François, c'est d'abord lui-même. Et puis j'ai gardé un souvenir profond d'Assise. Ce n'est pas à Assise que j'ai pensé à entrer chez saint François, mais environ un an plus tard, après avoir lu la vie de saint François par Joergensen...

J'ai été voir franciscains, puis capucins... sans en parler à personne avant. Les franciscains m'ont paru dans la paix... Mais les capucins m'ont semblé plus vivants, plus pauvres, très « moines » et je les ai aimés.

J'ai parlé de ces visites au père Durand et il m'a affirmé que je faisais erreur. Je n'ai jamais pu croire qu'il m'exprime là la pensée de Jésus. Il s'appuyait surtout sur ma santé...

Mon père souffrait parce que c'était bien humble et ma mère s'effrayait pour ma santé...

Le père Durand, pour en finir, alla voir mon médecin et revint me disant de sa part que ma santé ne me permettrait jamais de « faire un bon religieux dans un ordre où je n'aurai pas mon sommeil et mon alimentation intacts ».

Je n'acceptais pas cette réponse trop concise et, tout de suite après le bachot, je suis allé voir moi-même le docteur, qui m'a dit ne pas croire avoir à mettre d'objection quelconque au point de vue médical. Ma santé n'était nullement atteinte, et devant, lui semblait-il, à la suite de ma diphtérie, se fortifier de plus en plus.

Tout heureux, je rapportai cette réponse à mes parents. Ma mère l'accepta presque joyeuse, mais mon père en fut bouleversé, et depuis voyant la peine qu'il en avait, je ne lui ai plus parlé de mon désir des capucins. Jamais il ne mettra d'obstacle mais il en souffrira beaucoup....

Les études sont faibles chez les capucins et le père Durand me disait que mes qualités et dispositions m'obligeaient à rentrer dans un ordre où elles seraient plus utilisées... Quoique j'aime les études, je ne regretterai pas d'en trouver peu chez les capucins, tant je compte y trouver de simplicité et de paix...

Le milieu, ce qui est le plus dur à accepter pour mon pauvre père, ne me retient pas... Je suis facilement solitaire. Il me semble que je passerai très bien par cette épreuve et n'en serai que plus près de Jésus. (23 août 1930)

J'aspire ainsi à l'humilité

Ô mon Jésus, apprends-moi à être humble, à me cacher, à ne plus désirer l'honneur, le succès, à être petit, à ne vouloir que toi, à n'aimer que toi, à n'être heureux que seul avec toi ! (19 août 1930)

Je tente de contrer la démesure de mes sentiments par la raison

Être raisonnable. Agir moins par impressions. Être plus homme de devoir... que d'impression. Apprendre à agir parce que je dois et non plus tant parce que j'aime. Avoir plus de vertu et moins de cette sainteté au jour le jour ne tenant que par des élans de ferveur, d'amour, de sensibilité, et en dépendant entièrement. Stabiliser, par la raison, ma volonté. (20 août 1930)

Ce qui m'attire...

C'est une douce sainteté, celle des petits amis de Jésus, celle des enfants, des simples, des tout-petits. (20 août 1930)

... une vie religieuse

Ma vie, il faut qu'elle soit la sainteté, c'est-à-dire qu'elle soit simple, humble, pleine de charité et de soumission. (21 août 1930)

J'ai un guide

J'arrivais d'un long voyage, il faisait nuit, j'étais las, j'avais erré dans la brousse sauvage et j'étais tout triste, tout sanglant... et voici que vous m'avez mené tout d'un coup jusqu'au port ; l'horizon m'est apparu clair et la route libre, et l'avenir splendide. Votre main m'a poussé sur la barque divine, et soudain se détachant, au milieu des harmonies de la terre et du ciel, elle est partie au gré des flots, toute belle et menue et très simple, dans le soleil qui paraissait au loin. C'est l'aurore et je vais naviguer tout un jour. C'est Lui qui est à la barre et c'est Lui qui commande. (24 août 1930)

Je ne mérite pas d'être reçu au bachot

Mon Dieu, je suis incapable. Je suis si loin. Ma tête éclate. J'ai mal à ma tête. Tout mon corps est brisé, brûlant, fatigué. Trop de choses m'assaillent...

Je ne mérite pas, Jésus, d'être reçu. Car je ne sais pas... Car surtout je n'ai pas assez fait mon devoir, parce que si souvent alors que j'aurais dû travailler, je me suis laissé aller à mes idées folles, et que je n'ai pas eu la volonté de rester à mon devoir...

Jésus, pour papa, il faut que je l'aie. (6 octobre 1930)

Mais je continue à étudier

Mon échec de juillet, ma diphtérie, et ces longs jours de méditation. La découverte de sainte Thérèse, d'Anne de Guigné, la contemplation de saint François, voilà ce qui m'a conduit jusqu'ici, jusqu'à cet instant où je découvre Guy de Fongalland, cet instant – où complexité dure – je prépare mon oral. (15 octobre 1930)

En 1930, Georges Duhamel publie
Scènes de la vie future, *Henry Grouès*
en recopie un extrait dans ses carnets.

Mes choix littéraires me portent vers Duhamel...

La mine, l'aciérie, l'usine à papier, l'abattoir. Voilà les quatre fondements de cette civilisation dont nous sommes si fiers. Si tu n'es pas descendu dans la mine, si tu n'as pas senti le souffle sulfureux de l'usine à papier, si tu n'as jamais respiré la fauve et fade odeur de l'abattoir, si tu n'as pas vu le four Martin dégager son flot de métal en délire, ô mon ami, tu ne connais pas toutes les détresses du monde, toutes les dimensions de l'homme. (8 novembre 1930)

... et Zola

Vivre ! Oui c'est créer. C'est l'effort de ce qui veut passer du non-être à l'être, de l'être commençant à l'être infini, éternel et parfait. Vivre, c'est naître en esprit... Le monde, la chair ! Que l'on pense qu'ils existent, que l'on pense qu'ils ne sont pas réels, qu'importe ? Cela revient au même, qu'ils ne soient pas ou qu'ils soient, ils ne peuvent être conçus qu'étant néant. (17 novembre 1930)

Mais je refuse une littérature obscure

Il y avait une question qui excitait ma curiosité, énigme qu'il fallait que je résolve. C'était l'existence de toute cette littérature obscure, incompréhensible, volontairement détraquée. (janvier 1931)

Je renonce à tout héritage

Le Seigneur m'a mené à un acte de pauvreté, que jamais jusqu'ici je n'avais eu le courage d'accomplir. Et cet acte, je l'ai fait... J'ai été pauvre et j'ai été consolé. (23 avril 1931)

Je saisis l'importance de la méditation mystique

Il manque dans l'esprit de ces hommes qui prétendent régir, à côté de l'arrêt dans l'activité pour la méditation politique, l'arrêt dans la méditation mystique. Et c'est ainsi que l'œuvre des saints, qui savaient se donner cela, a duré, durera infiniment plus que celle des César, Bonaparte, Metternich. Ce qui manque à ces derniers, tout faits de l'esprit du monde, c'est l'esprit de Dieu. (avril 1931)

Je comprends alors que le Christ vient hausser la splendide philosophie...

Il lui déchire les derniers voiles par la Révélation. (7 juin 1931)

... et le génie

Et tout ce qu'il entraîne de grandeur humaine peut n'être qu'un fait sans valeur..., il peut être une grâce si le génial est pauvre. (7 juin 1931)

J'aspire à la Joie

Nul rapport avec la gaieté, de quelque sorte qu'elle soit. Nul rapport avec ce que l'on appelle le bonheur... Si peu même avec ce que, presque toujours, l'on entend dans la Joie. Cette Joie qui naît de Dieu, est une chose unique, indicible. La Joie, c'est je crois bien la déchirure en plein orage, d'un nuage sombre, au travers de laquelle rayonne l'azur lumineux et paisible. La Joie, c'est comme l'étoile unique qui brille en une triste nuit, parfois quelques secondes, dans la cavalcade des masses de nuées. La Joie, c'est le Paradis, donné de pressentir par quelque palpitation spéciale d'un sens inconnu que nous révèle Dieu, un instant, et par quoi nous vient communication du séjour de destinée parfaite. La Joie, c'est quelque chose de la paix du cœur, quelque chose aussi de l'Amour de don. Ce n'est rien, je crois, du plaisir de l'action, ce n'est rien non plus d'intellectuel.

C'est une spiritualisation. C'est l'oubli de la terre. Ce n'est rien de violent, ce n'est rien de grand. C'est minime et discret, ce ne fleurit que dans le recueillement, ce n'éclôt que dans la pureté. (7 juin 1931)

L'apostolat m'apparaît comme un calvaire
L'apôtre pleure des larmes sanglantes, des larmes de cœur, des larmes d'Amour. (7 juin 1931)

Mais je choisis la voie de la sainteté
Ainsi l'homme inquiet, l'homme qui a besoin de connaître, l'homme qui a besoin de savoir, l'homme qui a besoin de la métaphysique, qui ne peut se contenter de science positive, atteignable par l'homme et la raison toute seule, dans son état présent, mais qui veut posséder la science absolue, pénétrer, posséder l'en-soi des êtres, posséder l'absolu, cet homme loyalement engagé doit, tôt, loyalement renoncer, sitôt qu'il a vu Dieu, puis l'homme, et trouver la déchéance humaine, la faute originelle, obscure peut-être, impénétrée mais découverte comme nécessaire, évidente, certaine, cet homme doit alors loyalement se jeter dans la voie de la perfection, la voie de la spiritualisation, la voie de la révélation, pour obtenir la connaissance assouvissante de son inquiétude. La seule voie est la voie où il se pourra être satisfait. C'est la voie de la sainteté. (7 juin 1931)

Je ne crois pas au Dieu bourgeois du Second Empire
Il faut avoir pénétré la déformation de l'esprit chrétien, lente mais profonde, qui avait touché les âmes du Second Empire, pour comprendre le coup divin et ses effets, car ils sont une énigme et

angoissants. Ils sont une leçon. Oui. Le coup de Dieu est toujours la grâce. Et là encore il le fut. Cet abandon d'une providence tant invoquée nous montre bien que ce n'était plus le Christ que l'on invoquait, mais un Dieu que l'on se faisait pour soi. Il n'y avait plus de saint. Dieu était fait bourgeois. Il fallait, on voulait qu'il le fût. Et Dieu jamais n'est bourgeois ! Dieu est expansion, ardeur, générosité. (7 juin 1931)

Il me reste à rompre des attaches...

Il y a un lâche, un traître et un fuyard bien fort établi en chacun de nous, et que jamais nous n'avons totalement vaincu. Un fond de vice auquel jamais nous n'avons loyalement entièrement renoncé. (25 juin 1931)

... et à me séparer des miens

Voici que sont vécues les mélancolies du dernier soir de camp et du dernier feu, et de la dernière nuit, et de la dernière vraie poignée de main. (4 août 1931)

J'en suis troublé

Voici les jours où dehors l'on apprend mon départ. De tous viennent pour consoler papa et maman des lettres très bonnes, qui leur disent leur mérite et félicitent. Mais ces lettres me louent, on me les fait lire, et j'en suis troublé. (23 août 1931)

Je veux vivre ma foi avec grandeur...

Oh ! qu'il y a un grand christianisme, qu'il est douloureux de le voir si souvent rapetissé, incompris, gâché, ravalé. Nous, vivons-le grand. (24 septembre 1931)

... et en vagabond

J'ai voué le meilleur et le tout de mon cœur à tous les vagabonds du monde. Le vagabond, le bougre, il n'y a bien que celui-là qui a gardé sa noblesse. Il faut passer la vie en vagabondant. (14 décembre 1931)

Mes sept années au monastère
(1931-1938)

Toujours en quête de lumière

Le 21 novembre 1931,
Henry Grouès prend l'habit de capucin
au couvent Notre-Dame de Bon-Secours à Saint-Étienne.

21 novembre 1931 : j'arrive au noviciat

Le jour où j'ai pris l'habit capucin, l'un de mes plus proches camarades qui, plus tard, allait mourir, officier insoumis, fondateur du maquis du Plateau de Glières en Savoie, To More vint. Il arriva en retard. La chapelle était vide. Il sonna, demanda au maître des novices de pouvoir me saluer. Nous avions dix-neuf ans. Il m'avait connu, jeune homme comme lui bien vivant, aimant être un peu élégant, joyeux dans les petits bals familiaux que l'on appelait leçons de danse. Lorsqu'il me vit, tête rasée, pieds nus dans les sandales, vêtu de la robe de bure et ceinturé de la corde franciscaine, après la stupeur, il éclata de fureur : «Tu es fou, fou. Reviens Henry. Que viens-tu faire chez ces fous ! Ce n'est pas toi, ça ! »

On parla longtemps. Il partit, je crois, moins certain de ma folie.

Je veux me nourrir de miettes

Oui, car à dévorer aussi vite, je ne fais que gaspiller. Quand j'aspire aux plus hauts sommets, je ne sais plus entendre le délicieux murmure de la petite vertu, humble, et pleine de petite tendresse qui Vous dit si bien. À vouloir faire comme les grandes âmes de très grands pas, j'échoue et sans m'en douter, je ne vis pas, je n'avance plus du tout. (26 novembre 1931)

La vie monastique est pour moi l'idéal le plus élevé

À mesure que le monde chrétien perdait de sa ferveur primitive, les âmes d'élite s'en allaient demander à la vie monastique la réalisation de leur idéal plus élevé. L'Orient, berceau du monachisme... (28 novembre 1931)

Je choisis l'ignorance

Toute la vie basée sur l'ignorance... Voilà bien le plus franciscain esprit. Ignorance aimée, choisie, voulue. (29 novembre 1931)

Je veux vivre et souffrir

Je suis venu ici ni par désir de vie méditative, ni par vouloir d'apostolat, pas plus pour être prédicateur que professeur ou confesseur, ni dans l'espoir de diriger, ni pour la joie d'obéir. Je ne suis même pas venu plus pour être prêtre que laïque. Une seule volonté m'a conduit, mais ferme et criante, qui ne réclame aucune obédience particulière et qui s'accorde aussi parfaitement de n'importe laquelle : la volonté d'être un saint.

C'est pourquoi que m'importe mon emploi ? Je ne veux que pouvoir y aimer...

Je crois que pour atteindre ce que je veux, il me sera suffisant de me mépriser. C'est dire que je reconnais la totale impuissance de l'étude et de science acquise par mes efforts d'homme pour me procurer ce que je veux.

Je confesse que je ne suis qu'un pauvre être désemparé, incapable de se conduire, et de se donner le repos, la satisfaction de son inquiétude, le bonheur... Je crie mon malheur et ma détresse et je n'ai nulle honte d'appeler au secours, parce que mon impuissance est véritable...

En récompense de mon aveu d'impuissance, seul l'amour m'envahit...

Le seul bonheur consiste à avoir conscience de sa souffrance et de la noblesse qu'elle confère attestant une attache mystérieuse à un bien supérieur. Souffrir ainsi c'est vivre... Chaque fois que l'homme nie sa misère et son impuissance, et prétend vivre assez, seul, il tue l'amour parce qu'il s'aime...

Le chrétien n'a qu'une peur, c'est de se satisfaire, c'est de s'installer. Le chrétien pour être heureux, a besoin de se sentir toujours prêt à lever le camp. (3 décembre 1931)

Merci à Dieu de m'avoir donné de tels parents

Dieu m'a donné pour mère une vaillante, pour père un généreux. N'était-ce pas m'obliger à être un preux et un héros ? Cette vaillante et ce généreux, Dieu m'a donné qu'ils soient chrétiens vrais. (11 décembre 1931)

Je suis touché par la grâce de Dieu

Je me sentais prêt à mourir, tant j'étais pur, généreux et fervent. Et après tant de fois déjà, je disais encore : « Vrai, je puis mourir. »

Alors du fond de moi a jailli une prière, pressante, calme et forte, qui m'étonna, et qui pourtant était bien la mienne : « Seigneur, pour vous, gardez-moi à ce monde en détresse. »

Oui, du fond de moi, avait jailli cet héroïsme, que je ne désavouais pas, auquel je souriais, mais qui laissait ma faiblesse tremblante, d'offrir de vivre ! Alors que depuis des années que je n'avais plus vécu que pour mourir vite, pour mériter de mourir enfant, dans cette splendeur d'enfant purifié...

Comme une flamme, la plus brûlante, qui m'aurait léché l'âme, aussitôt j'ai entendu : « Tu resteras. »

Effrayé, je m'écriais : « Mon Dieu, en quelle hauteur, m'emportez-vous ! »

Et je vis comme des foules en marche sur la bonne route. Le bonheur ruisselait sur elles, en elles. Un petit homme les entraînait...

La voix de feu, infiniment douce, reprit : « Tu dois être ce petit homme, mon saint. Le bonheur de ces foules et ma gloire en elles dépendent de ta sainteté. » J'en compris tout le passé, simplement...

La voix continua : « Ta sainteté, elle ne pourra pas être moyenne ou ordinaire. Si elle est, ce ne sera que sublime, triomphale, à l'égal des plus folles. »

Ma vocation était révélée, acceptée... plus qu'à tenir parole.

Mais une terreur me prit : « Seigneur, à gravir tout droit de telles cimes, et le vertige... ? l'orgueil... Je vois trop. Pitié. Comment me sauverais-je d'une chute parjure ? » Alors, la voix acheva : « Tous les secours de mon paradis sont à toi. Je t'en apprendrai assez. Prends toujours... Souviens-toi que je ne quitte pas ton côté... quand il faudra, tends la main à la mienne percée, déchiquetée, sanglante, crispée sous un clou qui t'assure qu'elle ne se retirera pas. Étreints, par des humiliations, des disciplines. Si le vertige est trop fort, trop fort étreint, qu'au même clou, s'ensanglantant, elle se déchire, mais se rive ta main. Si tu l'as bien clouée, que craindre encore d'un vertige et de la chute ? Moi, pour toi, j'achèverai la route, te hissant avec moi et les foules avec toi.

Et tu parviendras, petit, tant aimé, en te laissant faire. N'hésite pas. Cloue-toi avec ton Jésus. Puis ne te défends pas. Laisse-toi mener, petit enfant. »

La voix s'était tue. Des flots de tendresse me baignaient et me berçaient. Mon Dieu m'a pris au mot, et ma générosité empoignée, il ne l'a pas lâchée. (11 décembre 1931)

Je suis chargé d'une mission

C'est bon pour la sainte petite Thérèse d'être une fleur du bon Dieu... Moi, il me semble que je suis comme un brave vieil homme déjà, que le bon Dieu aurait fait venir, et puis pour qui il aurait cueilli une jolie fleur au paradis, qu'il lui aurait mise au cœur, en lui disant : « Sois pour celle-là de mes fleurs mon jardinier. Surtout, prends garde qu'elle ne s'étiole, ait soif ou meure... C'est une fleur de paradis. Je te la confie pour que tes frères en soient réjouis. Souviens-toi que c'est leur joie qui est entre tes mains, et la mienne... Quand il sera temps, je te cueillerai, toi, et ta fleur avec toi. Il dépend de toi qu'alors pour ma gloire elle ait grandi et fleuri beaucoup, infiniment bellement. Tu seras payé de Mon Merci. »

Et tout confus et tremblant, le brave vieil homme s'est retiré, son trésor au cœur. Il veille, veille, et pleure de se sentir maladroit et ignorant de l'art de cultiver les fleurs du ciel, et pleure et pleure encore, sans comprendre qu'elle ne périt pas, la fleur du bon Dieu de son cœur, parce qu'il ne sait pas la soigner et ne sait que pleurer. Et à chaque larme, la fleur entrouvre ses pétales, il ne voit guère, la fleur exhale sa chanson au parfum délicieux qui arrache, bouleverse, entraîne tous les hommes à l'entour...

Oh ! la bonne tête que fera le jardinier, quand le bon Dieu l'aura fait revenir au paradis et lui laissera voir sa fleur à lui. (12 décembre 1931)

Ma vie est vouée au Seigneur...

Ma vie désormais, c'est faire des heures d'amour : heures de méditation, heures de repos, heures d'emploi, heures d'étude, heures d'office, de récréation... toutes heures, heures d'Amour. (14 décembre 1931)

... et aux pauvres bougres

Moi, capucin, prince des bougres... Ces bougres, ils ne sont pas tant ceux du peuple, ou les loqueteux, que ceux des salons... Hélas ! plus pitoyables parce qu'ils ont les chaînes de l'orgueil de caste et du confort. (14 décembre 1931)

Toujours je veux devenir un saint...

Il est plus facile d'être un fervent chrétien au cloître que dans l'activité apostolique au milieu du monde. Mais au cloître, il est plus facile d'être un saint. (29 décembre 1931)

... et nourrir ceux qui ont faim

J'ai agonisé... de faim. Je n'ai pas eu honte de le dire, parce que j'étais un petit enfant sans science ni calcul, et que c'était vrai. J'avais bien faim, j'ai tendu la main, j'ai dit : « J'ai faim ». Et l'on m'a donné mon pain. J'ai eu mon pain d'amour. C'était si bon que je me suis juré de donner à tous mes frères les hommes, affamés autant que je l'ai été, de ce pain. Je suis venu au cloître. J'en fabrique. J'en ai bourré mes poches, celles de mon cœur, et il y a de la place. Je ne fais plus que cela. (29 décembre 1931)

Je vois de plus belles choses les yeux fermés

Le cloître, et la souffrance et toute ascèse, c'est pour ceux qui voient de plus belles choses, les yeux fermés qu'ouverts, pour ceux qui, dans le grain enfoui en terre, savent voir l'épi doré ondulant tout chargé sur sa svelte tige au soleil de l'été, dans la brise d'un beau jour, pour ceux qui, par-delà la terre, et par-delà l'azur lui-même, savent voir Dieu, l'Amour, le paradis... (31 décembre 1931)

Je ne veux me laisser dominer que par Dieu

Rester toujours petit auprès de Jésus. Il n'est qu'auprès de l'enfant divin qu'il faut se laisser envahir... et dominer, vaincre. En toute autre affaire, par tout autre sentiment, il ne faut pas se laisser envahir. Il faut être supérieur à l'événement, à l'émotion, au jugement, et dominer... afin de rester libre et dégagé, pour parvenir à ne pas quitter, même dans l'émotion, l'enfant aimable, à rester petit auprès de Lui, à Lui inférieur, par Lui envahi, transporté, anéanti. Car c'est ce qu'il faut maintenir. (3 janvier 1932)

Je constate que deux et deux ne font pas forcément quatre

Deux et deux font quatre n'est pas du tout un principe franciscain. Car ici, deux et deux font parfois moins et parfois beaucoup plus. Tout dépend de l'amour qui s'y trouve. (8 janvier 1932)

Je crois à la vertu par l'héroïsme...

Saint Thomas l'affirme, un seul acte héroïque suffit pour nous faire acquérir une vertu. Et que faut-il pour qu'un acte soit héroïque ? Qu'il coûte beaucoup. (11 janvier 1932)

... et l'humilité

Saint Thomas nous dit : « J'en ai plus appris au pied du crucifix que dans tous les livres. » Je n'en suis pas encore là... (janvier 1932)

Il faut savoir dire : je ne sais pas

La perfection veut que l'on ne se laisse pas entraîner à entreprendre plus que l'on ne peut. Savoir répondre quand c'est vrai : « Je ne sais pas. » (12 avril 1932)

La vie est une tente pour la nuit

Comme la tente, la vie c'est pour la nuit qu'on la monte. La vie, c'est la tente passagère, et autour d'elle c'est la nuit. Avant, après, c'est le jour. Le ciel, c'est ce jour de la patrie...

Mes pas sont laids, ma route est belle. Le ciel est ma patrie où je vais en mourant. (12 avril 1932)

Henry Grouès devenu frère Philippe
part au couvent de Crest, fin 1932.

La vie au monastère est difficile

À l'heure où le ciel est de fer et la terre d'airain, si j'étais moi, si j'étais libre, je me livrerais, jusqu'à la prouesse, jusqu'à l'exploit. Pour cette heure, je ne puis. C'est la communauté ! Outre ! C'est le noviciat.

Demain peut-être... Mais dès cette heure, il me faut m'en tirer. Si l'on veut bien (eux me flagellant), ce sera là...

Sinon, seul, atteindre quand même la prouesse. (Faire la rude B.A. digne, qui fouette et enivre, parce qu'elle épure.) Le ciel de fer et la terre d'airain, c'est en effet le vulgaire. (1932)

Je connais les pièges du démon

L'expérience le montre, une affection naturelle est un des plus subtils pièges du démon aux âmes privilégiées qui commencent à aimer Dieu. (1933)

Je choisis l'humilité plutôt que la discipline

Humilité : mon cœur y aspire. Je l'aime quoique ne la connaissant pas, et quoiqu'en étant très loin, mais je sens qu'un bonheur, que le bonheur peut-être y sera pour moi.

Discipline : ceci au contraire me répugne, plutôt ne m'attire pas. (1933)

Mon romantisme de la pauvreté

Ça a été difficile, ce noviciat ! Terrible en un sens. La province des capucins à Lyon était très affaiblie. Pendant des mois, je fus le seul novice.

Durant les six premiers mois de mon noviciat, je restai seul avec un compagnon plus âgé que moi. Après, il rejoignit le couvent des études, où je devais le retrouver, quelques mois plus tard, et nous restâmes coude à coude, de par l'ancienneté, durant cinq ans...

Mon compagnon était de famille ouvrière. Il connaissait la dureté des conditions de vie, il avait participé à des luttes syndicales difficiles...

Involontairement, je devais l'irriter voire le blesser. Gosse de riche, j'idéalisais le franciscanisme. Lui, il était là pour un acte de volonté plus austère. Il acceptait chacune des coutumes dont plus d'une, dans son réalisme ouvrier, le heurtait...

Saint François était aussi un « gosse de riche ». Alors ce n'est pas étonnant si, souvent, dans les ordres de saint François, la pauvreté professée, voulue, vécue, c'est la pauvreté à la manière de celui qui n'est pas né pauvre !

Pour celui qui est né pauvre, il y a un certain romantisme de la pauvreté qui peut être exaspérant. Pour mon compagnon de noviciat, j'incarnais en quelque sorte ce romantisme exaspérant de naïveté.

Je découvre dans l'adoration, la source de l'action...

La rencontre avec saint François d'Assise m'a fait découvrir « Je suis Amour » ; Amour, qui fait être plus hors de soi en s'exprimant. L'étonnant est qu'entrant dans l'ordre de saint François d'Assise pour qui toute la vie spirituelle est axée sur l'imitation la plus intime de Jésus-Christ, j'ai exclusivement vécu ma première année de noviciat sur ce que j'ai écrit le jour de mon départ : « Ô toi qui es, oui, sois. »

Nourri par l'exemple de saint François, je découvrais que l'adoration était aussi la source la plus extraordinaire de l'action. D'une action réaliste, au cœur des drames de l'époque féodale, alors que l'on se battait encore d'un château à l'autre en mobilisant les paysans, que l'on s'entretuait pour des bagatelles. Si bien que le tiers ordre créé par saint François a été en quelque sorte la première forme d'objection de conscience. Les laïques qui s'engageaient dans le tiers ordre étaient considérés comme des gens d'Église et pouvaient ainsi refuser aux seigneurs de partir au combat. Cela explique l'extension si rapide de cet ordre dans le petit peuple.

... et je recherche la perfection

Toujours j'avais senti d'étranges forces m'attirant en la possession d'une perfection en laquelle on se puisse reposer. Il me fallait cela, une possession de perfection... une possession entière, qui voit tout, qui sait qu'elle voit tout, que tout est là, loyale et réelle. Une possession divine...

Cette recherche sacrilège m'eût pu anéantir. J'eus l'immense grâce, après avoir beaucoup souffert dans cette voie, d'être doucement touché et arrêté, et d'entendre cette parole, ce verbe : « Et tout le reste vous sera donné par surcroît », et par là d'être illuminé.

Je me sens vide et triste

Un soir de fin d'hiver

Un pauvre couvent capucin. Silence. Solitude.

Un petit frère est là depuis des années.

Ayant tout quitté pour le Christ Jésus. Il vit caché.

Pour l'étude, pour la longue formation, avant les cours d'apostolat.

Au jour le jour, dans le grand Amour, il va sa vie lente et chargée...

Mais ce soir, son âme est lasse.

Accablement !

Pensées amères, spleen, tout le tourmente. Avec nausée,

Il se sent médiocre. Il se voit laid, lâche comme nul !

Il songe aussi à la marée du mal qui noie les âmes,

Puis les roule aux abîmes.

Il se souvient du rêve qu'il avait fait d'être sauveur de ceux qui pèchent...

Et voici qu'il se trouve incapable et tout piètre.

Les larmes brûlent ses yeux.

C'est dimanche, une heure est libre.

Pour secouer sa souffrance, le petit frère sort au jardin du couvent.

Il marche. Mais il marche dans l'angoisse...

Je sens mes nerfs craquer

Mes nerfs sont ébranlés, à continuer ils casseront, or on ne peut empêcher de continuer. Les étudiants me soupçonnent, je suis suspect ! Seul ! Seul ! et forcé d'être en commun. Seul, oui, mais alors libéré. Je ne peux jeûner, ni aller aux matines. Je chante faux parmi des frères et que d'ailleurs je torture. Je ne suis capucin qu'hors du couvent. Je sais... dans trois ans ! Mais d'ici là, mes nerfs auront craqué. (1934)

François Garbit écrit
à frère Philippe, le 5 février 1934.

Par le sacrifice brutal et déchirant fait à Dieu de tes vingt ans et de tous tes espoirs, tu l'as bien gagnée cette paix qu'Il doit te faire sentir à l'ombre d'une chapelle obscure où vacille seule sa flamme en lui... Pense à ceux qui n'ont pas eu ton courage et prie pour eux. Jamais je n'en ai eu tant besoin.

Je suis las d'avoir peur

Je suis las de souffrir, las des crises de larmes, de la peur d'avoir peur, de l'angoisse des gestes d'autrui, de l'obscurité, des lampes dansantes. (1937)

François Garbit écrit
à frère Philippe, le 8 avril 1937.

Tu souffres, me dis-tu. Mais tu ne me dis pas exactement de quoi. Peut-être ne le sais-tu pas toi-même ? Autrefois, t'en souviens-tu ? tu souffrais aussi non sans doute sans raison, mais sans raison valable. Tu m'inquiétais alors, tu semblais avoir un besoin de souffrir qui s'accrochait à toutes les occasions. Qu'était-ce ? Les réactions d'une nature trop sensible qui vibrait au moindre choc ? d'une nature trop affectueuse qui souffrait de ne pas trouver chez d'autres des trésors d'affection qu'elle avait elle-même à leur offrir ? Le tumulte et cette absence de paix s'aggravaient d'une absence d'espérance. Car il est des âmes qui vivent dans le trouble le plus grand, mais qui croient au calme et espèrent le trouver. Toi, tu n'espérais pas. Tu n'avais pas confiance. Tu dési-

rais mourir, ce qui est quasi monstrueux à quinze ans. Une fois, tu avais espéré qu'une blessure, reçue au jeu, allait s'aggraver : celui qui te soignait, en effet, avait été un moment soucieux. Et voyant que cela guérissait, tu étais tombé dans une crise plus sombre... Ce désir de la mort ne me semblait avoir rien de parfait. Ce n'est pas celui d'un Foucauld souhaitant ardemment le martyre, mais plutôt celui d'un désespéré.

Et puis, le cloître t'a donné, sinon la paix, du moins l'assurance de l'obtenir un jour. Et s'il n'a pas apaisé ta soif (elle ne peut être ici-bas), il t'a fait entrevoir la source... Il t'a rendu l'espérance, cette «petite espérance qui mène ses deux grandes sœurs, foi et charité, par la main», comme dit Péguy.

Alors que t'arrive-t-il ?

Je ne puis croire que tu retombes dans le désespoir de ta jeunesse maintenant que tu sais (je ne dis pas que tu sens), après toutes tes études théologiques, les raisons d'espérer. Je dis : tu sais. À quinze ans, nous vivions de sentiments. Sentiments de foi, d'amour, d'espérance, sentiment d'idéal, sentiment de beauté. Aujourd'hui, c'est fini. C'est même là ce qui produit chez beaucoup la crise religieuse de leurs vingt ans. Gide raconte les élans mystiques et religieux de son enfance, et c'est aujourd'hui un vilain impie. Nous sommes nombreux comme cela, et tous, nous le sommes plus ou moins. La pitié d'homme est une pitié de raison. L'enfant ne peut prier que dans un élan, une émotion. Nous, nous prions à froid, si j'ose dire. Nous n'avons plus besoin d'enthousiasme pour le faire (si nous en avons, tant mieux)...

Alors, dans ton cas, je ne vois pas autre chose que ce vide (tiens-toi bien !), cette tristesse, ce sentiment d'isolement qu'on voit dans presque toutes les vies de saints et qui semble en être une des plus rudes épreuves...

> *Frère Philippe écrit sa souffrance*
> *au provincial des Capucins, père Philibert,*
> *le 11 décembre 1937.*

Je n'en peux plus

Depuis trois semaines, je vis en solitude. Je dors en cauchemar ou point du tout. Je tousse et ai mal à la poitrine, mal à l'estomac, mal à la tête. Je ressens cent fois par jour, de tout, mille heurts et meurtrissures. Je ne peux plus voir passer certains, entendre leur douleur, sans en être physiquement bouleversé, brisé de la tête aux pieds. C'est une révolte physique qui me fracasse. Alors je me rue au travail... Vous pensez ce qu'il me reste d'aptitude à le faire dans de telles conditions. Alors, même là, c'est le tourment et la révolte. Quoi ! Ils m'ont si savamment, si bien brisé qu'ils ont réussi à me voler jusqu'à cela, jusqu'à ce plus intime, mes moyens de travail. Oh ! l'horreur des œuvres de la jalousie... Et puis, je descends en classe, après m'être rincé les yeux, me forçant à me redresser... Et c'est pour entendre pendant des quarts d'heure se quereller comme des chiffonniers grossiers, laids, deux frères aussi aveuglés l'un que l'autre par leur violence, sur des questions idiotes à en rager, pendant que l'étude intelligente, toute belle, frémissante d'intérêt, devient impossible... Et puis là-dessus... lorsque je suis à me mordre les lèvres pour ne pas crier, et pour pardonner, tel s'en vient, avec des mots à la guimauve, s'offrir à me rendre quelque protecteur service, ou quelque haute pitié. Oh ! Père, c'est l'aumône du larron à sa victime... Il fallait que je vous aie dit... Il fallait que je vous force à me dire : «Je vous ordonne de vivre encore deux ans cela ! » Ne laissez pas traîner mon âme dans son angoisse. Répondez. Vite. Dites le «Je veux » plein par la connaissance des faits. Je n'en peux plus ! Votre misérable petit frère Philippe, capucin indigne.

François Garbit écrit
à frère Philippe, le 22 décembre 1937.

Tu me fais peur. Tant d'austérité m'effraie. Non l'austérité physique, mais l'austérité intellectuelle et spirituelle... Comment vivre continuellement sur de si hauts sommets ?

Frère Philippe écrit
au général des Capucins, le 18 avril 1938.

Mon départ est douloureux

Mon départ aura été plus douloureux que ne furent à aucun moment ma venue au noviciat et mon chemin dans les tourments de chaque jour. Je suis pourtant parti... Je suis désormais tertiaire de saint François. Mon attachement et ma reconnaissance resteront toujours ardents pour l'Ordre, m'efforçant de le servir aimant. Je lui dois beaucoup : une rare expérience personnelle, étalée sur huit années, mes années de vingt ans ! C'est là un trésor inestimable que le bon Dieu a voulu par ce séjour dans l'Ordre me donner.

Le 24 août 1938,
dans la chapelle du collège des jésuites Sainte-Hélène,
Henry Grouès est ordonné prêtre.

Je demande l'anticléricalisme des saints

La veille de mon ordination sacerdotale, j'avais été me confesser auprès du père de Lubac. Il venait de publier un ouvrage important *Catholicisme*. Au moment de se quitter il me dit : « Demain, quand vous serez étendu sur les dalles de la chapelle, ne faites qu'une prière à l'Esprit saint. Demandez-Lui qu'il vous accorde l'anticléricalisme des saints ! »

Désirer l'anticléricalisme des saints, qu'est-ce d'autre que s'efforcer de remplir les tâches de service de Dieu et des autres sans chercher à en tirer des avantages ? Et c'est difficile, et c'est à reprendre chaque jour.

Mon ordination

24 août 1938, mon ordination sacerdotale. J'écris au dos de l'image-souvenir que j'avais peinte, montrant deux mains élevant le calice de la consécration, devant des cimes de montagne et un ciel plein d'étoiles :

Nous avons menti.
Non, l'univers n'est pas à nous.
Non, les richesses ne sont pas à nous.
Non, nous-mêmes, corps, esprit, ne sommes pas à nous.
Mais, Père, Amour, tout est à Vous.
Car Vous seul « Êtes »...
C'est pourquoi, nous Vous en supplions,
acceptez l'offrande enfin toute loyale
et réparatrice

que Vous fait
de tout
en Lui
Jésus-Christ, Votre fils, Notre Seigneur,
Par les mains de ses pauvres prêtres.

En mars 1939, frère Philippe,
choisit l'exclaustration, il reste capucin
mais dans le tiers ordre.
Le 26 mai 1940, il reçoit une lettre de François Garbit.

Pauvre petit frère ! Je crois que tu as eu ta bonne part de croix depuis deux ans. La mort de ton cher père, épreuve terrible, mais que viennent cependant tempérer la sérénité et la consolation qui donnent une si belle vie et avec une si sainte mort. La maladie de ta sœur...

Enfin, ton départ de Crest. La grande épreuve. Lâcher la branche à laquelle on croyait s'accrocher pour toujours. Quitter l'asile où l'on avait cru être à l'abri des tempêtes... seul... Je t'ai vu passer, seul, cette porte, partant pour la trappe d'Aiguebelle. Je t'ai vu un peu comme dans un cauchemar. Je voulais te rejoindre et mes pieds ne bougeaient pas...

Que le Seigneur, qui t'a si fortement éprouvé, te donne la force de résistance nécessaire.

Et la paix intérieure. Car l'autre, je doute que tu ne l'aies jamais. Tu n'es pas un marin d'eau douce ni d'eaux calmes ! Tu n'es pas du type d'ailleurs bien périmé, du curé à souliers à boucles, qui mène honnêtement une existence sans histoire, mais non sans confort...

Cette vie est une bonne préparation à ma vie future

Je suis resté six ans dans cette branche, les capucins. Aujourd'hui ces règles ne sont plus en usage, mais lorsque je m'y trouvais, nous étions réveillés toutes les nuits de minuit à deux heures du matin. La première heure, nous dialoguions sur les psaumes ; la deuxième heure était, elle, consacrée à l'adoration, nous restions alors dans l'obscurité absolue, sans livre, sans rien. On m'a fréquemment demandé : « Mais comment as-tu pu tenir si longtemps ? » Je réponds toujours avoir la certitude que, sans cette expérience de vie, cloîtrée, avec ces règles de méditation et d'adoration au beau milieu de la nuit, jamais je n'aurais été de taille à vivre les événements que j'ai vécus plus tard. C'est la providence qui m'a conduit là.

Si je n'avais pris à l'âge de dix-neuf ans cette décision, le reste n'aurait probablement pas été tenable. Pourtant, un ordre comme celui-ci (les capucins), était une préparation absurde à tout ce que j'ai eu à vivre après.

Égoïste, la vie monastique ?

Un jour à l'abbaye de Saint-Wandrille, un petit bonhomme de dix, onze ans me demande : « Qu'est-ce que tu fais ici ? » sous-entendu vraisemblablement « N'est-elle pas un peu égoïste cette vie monastique ? » Ils ont raison ceux qui se posent cette question qui ne doit pas rester sans réponse. Ce qui est en question là est tellement essentiel à la vraie connaissance des réalités profondes, dramatiques et mystérieuses de la vie humaine, individuelle et sociale. J'avais peut-être dix-huit ans lorsque, comme en une sorte de parabole, un très illustre savant de l'époque et qui osait (ce qui n'était pas fréquent parmi les savants) affirmer sa foi, Pierre Termier, géologue, particulièrement compétent dans la connaissance de la très haute montagne, me fit percevoir la réponse à cette interrogation, réponse grave et ouvrant vers l'indicible.

« Quoi, disait-il, de plus inutile, stérile, inemployée que l'immensité d'étendue et de masse de glaciers ? Oui, mais sans eux, sans leur présence, sans leur incessante action, d'eux apparemment inertes, la vie de longtemps aurait péri dans les plaines et les vallées ! »

Dans la fièvre des activités des multitudes agitées, l'air s'emplit de mille miasmes, à la longue mortels, et en même temps voici que l'air s'échauffe. Alors, par l'ordre de la nature, cette atmosphère de plus en plus chaude et intoxicante s'élève et voici qu'au contact des cimes glacées et croit-on, muettes, elle se recrée, se purifie et, rafraîchie et neuve, à nouveau, elle redescend pour faire vivre. Certes, ce n'est là que symbolique image. Mais elle peut guider le regard de notre intelligence vers ces autres efficacités que celles apparentes...

Et que l'on ne croie pas le monastère, pas plus que le glacier, immobile.

Le glacier ne cesse d'être renouvellement, sans cesse nouveau. En sa profondeur, masse colossale, il est comme flottant sur les eaux, qui, sous son poids, glace fondante, naissent de lui, faisant jaillir au loin sources et torrents sans lesquels nulle vie ne serait possible ; et en ces cimes, à chaque jour de nuées ou d'orages, il ne cesse de se reconstituer par les vapeurs montant de la vallée et retombant sur lui en neiges immaculées.

Enfin, comment ne pas dire, si on a eu le bonheur de nuits vécues sur le glacier, l'étrange et incroyable bruissement qui s'entend là, entremêlé, de temps à autre, de fracas, de séracs, se brisant, roulant, faisant tour à tour se rompre et se souder ces espaces en perpétuelles tensions entremêlées.

La paix silencieuse d'un monastère, croyez-le, elle aussi, elle est active !

Du glacier encore, il est bon de connaître, aux lieux les meilleurs, les cabanes, les refuges faits pour accueillir le voyageur harassé qui demande ce repos avant d'aller au plus loin ou plus haut.

Je puis témoigner de l'irremplaçable importance de ces accueils pour tant de passants d'une semaine ou d'un jour... J'imagine que les moines, mes frères, quand ils auront lu ces lignes, ne manqueront pas nous rencontrant, de sourire, un peu moqueurs : « Le glacier vous salue ! »

Les sources de ma vie intérieure

Trois sources ont irrigué ma vie intérieure :

– le peuple juif, qui par la Bible, m'a appris à croire en Dieu Unique, Juste et Miséricordieux ;

– l'Église, qui m'a donné la certitude que l'Éternel est Amour et ne cesse de se manifester parmi nous ;

– Emmaüs, où vivant avec les plus meurtris par la vie, j'ai le plus intimement rencontré Jésus-Christ.

La guerre et la Résistance
(1935-1945)

*Les textes qui suivent
sont extraits d'une conférence « Vingt-trois mois de clandestinité »
donnée par l'abbé Pierre, au palais de Chaillot,
le 23 avril 1945.*

Je suis mobilisé

En 1939, j'ai été mobilisé comme sous-officier avec pour mission de remonter la vallée de la Maurienne en Savoie, de réquisitionner soixante ou quatre-vingts chevaux et du fourrage, et d'embarquer tout ça dans un train qui partait vers la ligne Maginot. « Vous prendrez grand soin du cheval du général, m'avait dit le capitaine, il y aura un wagon spécial pour lui. » Un général français allait à la guerre de 39 avec son cheval ! Et, six mois après, la France entière était mitraillée sur les routes.

Juin 1940 : j'apprends l'annonce de l'armistice

Mais voici que soudain, du lit en face du mien... un camarade se dressa. Il était tout sanglant, enveloppé de bandages, à la tête, au bras et à la poitrine. Un moment ses lèvres s'agitèrent sans qu'il puisse exprimer une parole. Puis, enfin, comme dans un souffle, il articula ces mots : « Ah ! taisez-vous, taisez-vous ! Moi, je suis d'Alsace ; ma femme, mes petits, ma maison, j'ai tout perdu, je perds tout... » Et, sanglotant comme un petit enfant, il retomba sur son oreiller.

Je lui dis qu'il n'était pas possible que tout cela soit réel, définitif, qu'il fallait espérer contre toute espérance. Pourquoi lui disais-je cela ? Comment ? Au nom de quelle preuve ? Je ne sais.

Mais ce qui est sûr, c'est qu'à cette heure, tandis que je serrais la main de ce camarade agonisant, j'acquérais la certitude invincible qu'il n'était pas possible que tout soit fini.

La souffrance rend plus perméable à celle des autres

Ah, voyez-vous, il faut avoir le privilège, je dis bien le privilège, car cela est une grâce – avoir souffert rend tellement plus perméable à la souffrance des autres – il faut avoir eu le privilège comme il me fut donné de l'avoir par la suite, d'être de ceux-là qui savent que, bien que rien ne puisse leur être reproché honnêtement, il leur est interdit d'exister et qu'on veut leur mort. Il faut avoir été de ceux-là qui, pendant des mois et des mois, chaque fois qu'ils descendent d'un tram ou d'un métro, sont forcés de se retourner, d'observer autour d'eux, de se demander si tel visage qui les côtoie, et qu'ils ont déjà remarqué tout à l'heure, n'est pas le visage d'un mouchard, de quelqu'un qui les file, auquel peut-être dans un instant, s'ils ne se méfient pas, ils vont livrer le camarade au rendez-vous duquel ils se rendent ; il faut avoir été de ceux-là qui, parfois, si une auto brusquement freine à leurs côtés, sont obligés de se mordre les lèvres pour ne pas laisser voir qu'ils ont peur ; il faut avoir été de ceux-là à qui il est impossible de rencontrer les êtres qui leur sont les plus chers, leurs parents, leurs frères et leurs sœurs, sans se demander s'ils ne risquent pas de les vouer eux aussi à la mort ; de ceux-là qui, à chaque fin de mois, anxieusement, se tourmentent du moyen par lequel ils pourront se procurer le ticket d'alimentation qui leur permettra de ne pas crever de faim... pour comprendre tout ce qu'a d'horrible une telle condition d'existence.

L'adieu à François Garbit

François, notre amitié commencée en 1926, non, la rafale de mitrailleuse qui, le 8 juin 1941, te clouait sur le sol aux frontières de Palestine et du Liban ne l'aura pas rompue. Je poursuivrai ces

confidences où nos âmes d'adolescents puis d'hommes s'entraidè-
rent si fort pour la conduite de nos pas sur les chemins qui montent,
au service de la plus grande lumière et du plus grand amour. Je te
dois beaucoup, François. Je t'ai aimé plus qu'aucun de mes frères.
Tu m'as contraint à croire en la vie, à croire en la joie d'être et
d'aimer. Merci. Je crois que tu es dans la joie d'être et dans l'amour
totalement et sans voile, sans fin. Aide-moi, ton âme réunie à la
mienne, pour aider d'autres adolescents, d'autres hommes, à
trouver le chemin de la joie. Ce que tu écrivais en 1928 : « Vieux,
chacun fait ce qu'il veut de la vie. Les uns la traînent dans la boue.
En quoi salissent-ils la nôtre ? Ils nous montrent comment on peut
la rendre ignoble. Profitons de la leçon, et faisons-la splendide ! »
Cela, j'en ai vibré, j'en ai vécu. Continuons, veux-tu, ensemble,
jusqu'à mon dernier souffle... Aimer la vie, disais-tu, ça nous vient
tout d'un coup, un jour où l'on a le cœur pur et l'âme en paix.
Adieu... Henry.

Deux juifs sonnent chez moi

Après la débâcle, la démobilisation, je me suis retrouvé prêtre à
Grenoble. Rien ne m'avait ouvert les yeux sur le drame de Gaulle-
Pétain. Ma tradition familiale, c'était le grand maréchal. Le déclic
s'est produit lorsque deux juifs en larmes sonnent chez moi.
C'était le lendemain de la Rafle du Vel d'Hiv. Ils pleuraient : « Père,
nous sommes juifs, nos deux familles habitent sur le même palier,
dans une même maison ; nous, les deux papas, nous étions dans
une réunion avec des amis. Quand on est rentrés vers minuit, à la
maison, les voisins regardaient à la fenêtre. Ils attendaient notre
retour et nous ont crié : "Fuyez, des camions sont venus ; les
portes ont été forcées, les femmes arrêtées, les mamans dans un
camion, les enfants dans un autre." » Les deux hommes désespérés
avaient erré dans les rues ne sachant pas où aller. Ils ne me
connaissaient pas ; mais dans la rue en passant, ils ont vu que
c'était la maison d'un prêtre. Ils ont pensé, c'est la maison du bon
Dieu et ont frappé pour appeler au secours. Ce fut pour moi le
commencement de toute une suite d'événements qui a finalement
abouti à Emmaüs. Je les ai cachés.

J'entre dans la Résistance

C'était difficile de ne rien laisser paraître et encore plus de leur trouver à manger. C'était l'époque des tickets de rationnement. J'allais en cachette, chercher des provisions dans le placard du curé de ma paroisse et prendre de quoi manger. Ce fut ainsi pendant trois, quatre jours et nuits. Je cherchais une solution ; j'ai pensé à la présence d'un pensionnat de jeunes filles, tenu par des religieuses attentives aux problèmes des israélites. C'étaient les sœurs de Notre-Dame de Sion, vu leur nom, elles sauraient peut-être s'occuper des juifs. J'ai donc été trouvé la supérieure. Elle me répond : « Père, je connais bien le problème, mais c'est impossible que nous prenions dans notre pensionnat en les cachant ces deux hommes. Nous en protégeons déjà de tous les côtés, ce n'est plus possible, c'est trop dangereux, mais je vais appeler une petite sœur spécialisée dans la fabrication des faux papiers et dans l'imitation de la signature du commissaire de police. »

De ce jour-là, je suis devenu résistant. J'ai commencé à organiser des évasions à travers la frontière.

La première fois, on est passés à un endroit qui s'appelle le Col de la Tour à 3 200 mètres d'altitude, sur les glaciers. Je connaissais ce passage. On n'avait pas organisé de réseau d'informateurs nous renseignant sur la façon de passer plus bas, sans risquer de rencontrer des patrouilles de l'armée allemande. Petit à petit, on a eu des relations avec des amis sûrs. J'ai ainsi fait passer, le frère paralysé du général de Gaulle.

J'ai eu le privilège de n'avoir jamais eu à tuer

Il est une chose dont j'ai le privilège : les circonstances m'ont permis de n'avoir jamais eu à tuer, alors qu'en temps de guerre beaucoup d'occasions font que c'est « lui ou moi ». Je ne me suis jamais trouvé dans une telle situation. Je ne m'en glorifie pas, car j'ai donné mon aide à ceux qui, eux, se battaient ; et je leur apportais du ravitaillement. J'ai fondé un petit journal dont trois numéros ont paru. Il s'appelait *L'Union patriotique indépendante*. Le général Descours, alors encore commandant, passait dans le Vercors pour trouver comment on pouvait mettre en contact des cadres militaires avec des gens qui souvent étaient sans organisation, dans l'anarchie, la pagaille, l'imprudence.

Il faut savoir rompre avec la légalité

Ah ! bon sang ! nous le savons, il est des heures, extrêmement rares dans la vie d'un peuple, mais elles se présentent ! des heures où rompre avec la légalité, lorsque celle-ci atteint un degré de perversion qui la rend, de façon éclatante, criminelle, est un droit, et non seulement un droit mais pour certains à la conscience impérieusement délicate, un devoir, inéluctable sans trahison. Mais... il importe qu'à l'heure même où l'on y consent, on ne le fasse pas dans la légèreté, fût-elle généreuse.

Pourquoi aider les juifs ?

C'était en 1943. Un passage de frontière avait été raté, une patrouille allemande avait tiré. Une jeune femme juive blessée avait pu rester cachée, puis être hospitalisée, sous sa fausse identité, à l'hôpital de Grenoble.

Elle me demanda d'avertir son cousin, juif devenu dominicain, à Marseille. Il vint aussitôt, il parla beaucoup avec elle. Comme il repartait pour la gare, on s'embrassait, et alors il me murmura : «Je vous en supplie, ne vous lassez pas d'aider mes frères juifs !» Moi, surpris, je lui dis : «Mais pourquoi m'en lasserais-je ?» Le train partait. Il me cria : «Parce qu'ils sont ferments.»

Oui, c'est vrai. C'est alors que je découvris que ce qui m'attachait le plus à eux était cela.

Malleval, trente-trois morts, quinze rescapés

Je crois que Malleval, premier Oradour, fut vraiment l'une des premières batailles ayant un caractère militaire...

Ils ne sont pas morts pour rien, tu ne continues pas en vain. Te courber ? Tu ne le peux pas ; faire semblant de croire au mensonge qu'on te sert ? Tu ne le peux pas. Tu te redresses pour dire : «Non, ça suffit !» Résistance, c'est ta révolte, c'est ton âme qui ne veut pas se laisser achever. Tu as choisi pour emblème la croix de Lorraine, symbole de la libération du pays, de tout le pays.

Henriot dit que tu es un gamin ? Oui, comme ceux qui ont entouré Jeanne d'Arc de la plus belle fidélité, Louis de Conte avait quatorze ans, Guy de Laval vingt ans, André dix-huit, le duc René vingt, Alençon vingt-trois, Lunois vingt-six... Comme eux, tu as l'âme pure, tu es désintéressé, passionné de vérité. Le pays tout entier tremble. Il pressent que les heures à venir vont être terribles et décisives. Tu veux agir sur le futur. L'ennemi aussi tremble, il ne s'est pas écroulé, il se montrera féroce. Mais dans la douleur qui s'annonce, il y a l'espérance. Après l'attente, les « jours après les jours », tu t'es battu. Tu as plié sous le nombre, tu as des morts à venger. Avec tes compagnons, tous unis, il vous faut tirer des leçons de chacun des combats. Pour faire le plus de mal à l'ennemi, sois discipliné, audacieux sans témérité. Ne sois pas enfantin. Et pourtant, mon petit, quand tu écris dans une pissotière : « Merde pour les sales Boches », je te comprends et je t'aime. Pour tenir, rappelle-toi pourquoi tu es entré en Résistance, pourquoi tu as dit non...

Écoute Péguy, une balle l'a fauché en pleine jeunesse. « Ce serait embêtant, dit Dieu, s'il n'y avait plus de Français. Je ferai de grandes choses encore mais il n'y aurait plus personne pour les comprendre ! » Petit, tu combats dans l'ombre et le secret, la méfiance, la délation, le danger, la torture, la mort... Bientôt tu combattras dans le soleil. Fais ton devoir. Fais-le comme ce père auquel – tandis qu'il se bat – parvient un message de son enfant : « Je suis pris en otage, je vais mourir, ne te rends pas. » « Mon fils, confie ton âme à Dieu et meurs fièrement ; je te vengerai », répond le père. Il sait qu'ensemble, son enfant et lui, ils servent plus efficacement leurs frères en leur réapprenant le don de soi plutôt qu'en leur conservant deux lâches !

Je rejoins Alger

Pendant cette guerre, j'ai été arrêté, je me suis évadé... des amis croyaient que j'étais mort après ma seconde évasion. Ils n'avaient plus de nouvelles. En réalité, j'avais réussi à rejoindre Alger. J'ai traversé les Pyrénées, l'Espagne, Gibraltar. Les Français qui étaient là, m'ont caché dans un sac postal pour me mettre dans un avion américain qui venait à Gibraltar. Quand je suis arrivé à Alger, j'étais passager clandestin, j'avais une fausse identité. On m'avait fabriqué des papiers à Madrid me présentant comme un pilote d'avion canadien. L'avion avait été abattu sur la France ; j'étais survivant. C'est par les résistants que j'avais réussi à passer les Pyrénées. À ce moment-là, Franco sentait bien que ça allait mal finir pour Hitler. Il commençait à faire des sourires aux Américains.

Les appels à l'acte ont marqué ma vie

Revenant d'Espagne, fatigué, j'avais mis mon vélo sur un camion qui ramenait des ouvriers et des soldats russes devenus nazis. Un service spécial allemand vérifiait l'identité de chacun ; on se méfiait des espions. C'était fin 44. Ces hommes étaient amenés en haut de la montagne qui domine Saint-Jean-de-Luz trois semaines avant le 6 juin pour mettre en batterie les canons de l'artillerie de marine : il y avait eu le fameux document trouvé dans la poche d'un noyé portant l'uniforme anglais annonçant le projet de débarquement à Saint-Jean-de-Luz. Un montage que les Allemands n'avaient pas jugé dédaigner. J'avais eu un quart d'heure pour tout reconstituer. Mais, quand j'ai pensé à la mort, j'ai eu cette réaction : « Ouf ! » Tant que je serai être, ce sera agir ! J'aurais pu vivre dans un monastère en sachant que j'allais vers la fin de ce devenir quotidien, monotone. Mais je savais qu'il comportait toujours une limite. Celle de me dire : « Mon Dieu, il y en a marre d'être agissant, faites-moi vivre la fin du temps. » J'avais accepté de vivre cette attente de la fin du temps ; même si mon acte était d'éplucher des pommes de terre ou d'étudier saint Bonaventure. La suite a été autre. Je n'ai pas choisi. Ce sont des circonstances qui m'y ont précipité. C'est une succession de coups de billard sur la boule, sans que je puisse savoir où elle veut m'envoyer. Pour chaque événement jusqu'à aujourd'hui, je me retrouvais dans des appels à l'acte, je réfléchissais un instant, et je disais « oui ».

Les maquisards sont à l'origine de la victoire

À la face du monde, aujourd'hui, moi, prêtre du maquis, dès la première heure des déportations en zone sud, je veux le crier aujourd'hui : « Vous êtes grands, les maquisards, vous êtes purs, vous êtes honnêtes. » Enfants presque, vous êtes graves comme des hommes. Jeunes comme les compagnons de Jeanne d'Arc qui avaient tout juste vingt ans, comme eux, vous avez accompli les gestes sauveurs. J'ai vécu avec vous. Je vous connais. Et je proclame : « Vous êtes la semence et le levain du renouveau. » C'est en vous qu'est l'espérance. Vous avez brisé l'hypocrisie. Vous avez rompu la honte. Vous avez vaincu le doute. Vous avez recréé l'union. Et parce que vous avez tenu, vous forcerez la Victoire.

Je rencontre de Gaulle

Lui est le symbole, l'incarnation d'une Idée. Moi, je suis un petit résistant, parmi des milliers d'autres. On a fait notre devoir. À son appel solitaire, on a répondu en disant non au mal ! Beaucoup en sont morts, en mourront encore. Demain, après l'orage, ils espèrent l'arc-en-ciel. Lui, c'est un grand homme, une idole, et pourtant... je ne sais pas... je le sens seul.

La Résistance, c'est avant tout les résistants

Si, sans doute, c'était bien le formidable appel, prophétique à force de magnanimité, du général de Gaulle qui était en quelque sorte le cœur de toutes ces initiatives, le point autour duquel, par un lien moral, secret mais tenace, se rassemblaient toutes nos entreprises, quelle erreur ce serait de croire que la Résistance naissait de consignes précises et par un mouvement venant d'en haut seulement. La Résistance ! Mais pendant des mois, pour chacun d'entre nous, que fut-ce autre chose que nous-mêmes et les quelques camarades qui nous entouraient ? Que fut-ce autre chose que notre risque, notre sursaut spontané, notre refus ? La Résistance, mais voyez-vous, c'étaient les résistants, c'était toute la France qui résistait comme elle pouvait, du mieux qu'elle pouvait, de toutes ses forces, comme on refuse de périr, comme on refuse de mourir déshonoré.

Sachons passer de la Résistance à la rénovation

Il nous reste une question dans l'âme : Est-ce que cette Résistance, après avoir été un facteur efficace de notre libération, peut être apte à servir efficacement à cette rénovation... ?

Ne nous laissons pas aller à la tyrannie

Il lui faut d'abord... se garder de se laisser entraîner, en sa hâte de réaliser son idéal et dans son dégoût devant les tares du régime ancien, corrupteur ou impuissant, et point encore transformé, à mettre ses espoirs dans quelque parti unique imposant cruellement ses desseins, quels que généreux qu'ils soient à l'origine, à la totalité de la communauté. Nous savons hélas ! pour l'avoir trop cruellement appris, comment de telles tentatives commencent et aussi comment elles s'achèvent ! L'homme n'est qu'un homme, quel que grand qu'il soit, et dès lors qu'il se laisse aller à la tyrannie, il tombe comme nécessairement dans tant de crimes.

Nous devons refuser la malhonnêteté

Mais ce n'est pas là seulement que le risque nous guette. Il nous guette encore dans toute survie consciente, volontaire et consentie délibérément, de recours à ce que le bon sens, le sens naturel appelle la malhonnêteté. Il faut que nous croyions que la mauvaise foi, la duplicité, le mensonge, sous quelque prétexte qu'ils nous sollicitent, ne peuvent être tolérés comme des moyens d'action publique, moins encore que d'action privée. Il faut que nous croyions que, seule, la vérité libère et bâtit, que, seule, la passion éperdue de la vérité constitue l'homme véritable ; et, plus qu'aucun autre, l'homme qui, étant d'État, a la responsabilité à la fois de l'honneur, de la confiance et du destin de la communauté de ses frères.

Dans la guerre, nous avons découvert la passion de l'amitié

Enfin, croyons que nous n'avons de chances de réussir quelque chose que si nous sommes capables, Français Résistants, Français Combattants, Français véritables tout simplement, de transposer dans la vie d'aujourd'hui ce qui fut, je crois bien, la plus précieuse richesse de notre vie clandestine, je veux dire, avec la passion de la Vérité, la passion de l'amitié. Nous nous aimions profondément entre frères humains, quelles que soient nos divergences de conceptions, nous avions acquis l'habitude et le secret de causer par-dessus les haies et par-dessus les haines.

Mais nous n'oublierons jamais l'horreur

Et peut-être aussi... sachons garder la mémoire. Pardonner, chrétien, je crois que c'est un devoir, mais tout en sachant qu'il faut que nous pardonnions, sachons qu'il faut aussi que nous n'oublions jamais l'horreur qui nous a soulevés contre les atrocités engendrées par le mal ennemi.

Mon engagement en politique
(1945-1946)

Au lendemain de la guerre,
l'abbé Pierre s'engage
dans le Mouvement fédéraliste universel
qu'il présidera en 1946.

Je me considère citoyen du monde

Juste après la guerre, deux congrès fédéralistes ont été organisés à Montreux, le congrès fédéraliste universel et le congrès fédéraliste européen. Alors moi, dans ma candeur, je me dis qu'après ce qu'on vient de vivre, l'Europe va forcément se faire et que ce n'est pas la peine de s'en occuper. Donc je vais au congrès pour une fédération mondiale. On élit comme président John Boyd-Orr, le fondateur de la FAO, et je suis élu vice-président. L'année suivante, on m'élit président de l'exécutif. Pendant quatre ans, j'ai présidé cette organisation. À l'origine, il y avait Gary Davis, un pilote de bombardier, fils d'une chanteuse et d'un acteur. Il avait participé à l'anéantissement de plusieurs villes allemandes. À la fin de la guerre, pris de remords, il avait déchiré son passeport américain et voulait devenir citoyen du monde. Son acte avait eu un retentissement important. Je faisais partie d'un comité de soutien à Gary Davis, avec Gide, Camus. Ce dernier m'avait demandé un article pour *Combat* qui avait pour titre : « Nous en avons assez d'être les partisans de causes plus petites que celles de l'univers. »

J'ai donc été pendant quatre ans président du Mouvement universel pour une confédération mondiale. Pour me succéder, on a cherché quelqu'un qui parlait l'anglais. À cette occasion, lord Beveridge, le fondateur de la Sécurité sociale en Grande-Bretagne m'a rendu un des hommages dont je suis le plus fier. Il a dit : « C'est vrai que c'est choquant que notre président ne parle pas notre langue. Mais vous pouvez l'écouter parce qu'il parle une langue que tout le monde peut comprendre, celle du cœur. »

Une rencontre avec Einstein

Deux mois après la fin de la guerre, je m'étais rendu à Minneapolis, aux États-Unis, pour présider la clôture du congrès du Mouvement universel pour une confédération mondiale. Un de mes amis me proposa alors de rencontrer Albert Einstein. Je lui ai tout de suite demandé quelles pouvaient être les conséquences pour l'humanité de la découverte de l'énergie produite par la désintégration de l'atome.

Il m'a expliqué comment, dans un premier temps, il avait refusé de poursuivre des recherches qui pouvaient conduire à la bombe atomique, jusqu'au moment où on lui a donné les preuves que les nazis, par un autre cheminement, étaient sur le point de posséder une telle arme. Dès lors, il a apporté tout son concours pour que les Américains l'obtiennent les premiers. Et puis, il a ajouté : « Cette explosion de la matière est la plus faible des trois explosions auxquelles l'humanité sera nécessairement confrontée. Avec les progrès de la médecine, l'humanité va bientôt assister à l'explosion de la vie qui apportera plus de bouleversements que celle de la matière. Mais l'explosion la plus lourde de conséquences pour l'humanité sera celle de l'information. D'ici peu, pour toutes sortes de techniques, les plus pauvres, les plus malheureux auront connaissance de ce que l'humanité est capable de faire et des moyens qui pourraient les sortir de la misère, de leur détresse. Partout sur la planète, et pour la première fois de son histoire, l'homme saura l'absurdité de sa souffrance et donc souffrira de savoir qu'il souffre. L'humanité se trouvera ainsi acculée, sans dérobade possible, à de nouveaux partages. »

Ce constat m'avait frappé et intrigué. Cinquante ans plus tard, les faits lui donnent plus que jamais raison.

Je découvre Camus

J'ai travaillé avec Camus au journal *Combat*, c'était juste après la Libération. Un jour, il a eu ce mot fameux : « Je ne peux pas donner ma foi à un tout-puissant qui laisse tant souffrir les petits enfants. » En fait Camus était un désillusionné négatif. Il n'a jamais découvert l'espérance, qui aurait pu le conduire à la désillusion enthousiaste. Si bien qu'il est resté comme Sartre, autrement bien sûr mais autant que lui, un éveilleur de l'absurde. Il a su voir le mal qui règne partout dans le monde et le cœur de l'homme. Mais il n'a pas su voir l'amour que Dieu a imprimé en creux dans l'humanité.

Si Dieu était le tout-puissant dominateur, nous devrions l'accuser, le condamner. Or, il est tout le contraire du dominateur. Pour moi la personne historique de Jésus m'apporte cette certitude pour aujourd'hui, et pour l'au-delà du temps. Depuis que j'étais enfant, c'est une grâce qui n'est pas confortable, je déteste le temps : j'ai l'impatience d'agir dans l'être et non plus dans le devenir du temps.

Je deviens député de Meurthe-et-Moselle

Quand la guerre a été terminée, j'ai été envoyé à Alger et six mois à Casablanca comme aumônier de la Marine, de l'École navale et des marines. Rappelé à Paris, des amis qui me croyaient mort, me retrouvent. Puis ils sont allés trouver le cardinal de Paris et lui ont dit : « Les élections approchent, il faut que le père y aille. » Je n'avais aucune préparation, aucune compétence. Je ne savais rien de la politique, mais le cardinal après une heure de conversation me dit : « C'est important que des hommes avec des responsabilités religieuses, ayant été au secours des persécutés, soient représentés au Parlement. Acceptez. » C'est ainsi que pendant sept ans, j'ai été député de Lorraine à l'Assemblée constituante puis à l'Assemblée nationale.

Ma définition de la politique

Le mot de Robert Buron disant de la politique qu'elle est « l'art de rendre possible ce qui est nécessaire » est sans doute la meilleure définition qui puisse être donnée de la politique. Je criais ce que je voyais nécessaire.

Étais-je capable d'aider à le rendre possible ? N'en étant pas capable, eût-il fallu cesser de le crier ? En réalité, la vraie question personnelle était : étais-je fait pour ce rôle de parlementaire ? Je ne le crois pas. J'ai été un mauvais député, je n'avais aucune compétence. Et cette période a été la moins importante de ma vie.

Je sais par expérience qu'il n'est pas vrai qu'on peut être un bon parlementaire ou un homme politique si l'on n'a pas le goût de prendre des responsabilités, le goût de l'autorité, du pouvoir. De même on ne peut devenir un musicien par devoir, si l'on n'est pas capable. Ce n'est pas vrai qu'on peut être un bon homme politique si on n'en a pas le goût. Il est nécessaire de ne pas avoir peur des responsabilités.

J'ai apprécié Pierre Mendès France...

J'ai connu des hommes politiques malhonnêtes, mais j'ai connu aussi des hommes politiques d'une véritable valeur morale et que j'ai beaucoup admirés.

Mendès a toujours été pour moi un exemple de courage. Il n'a jamais manifesté de rancune mesquine, même sous des coups très méchants. La chose publique a été l'affaire de sa vie. Il lui a souvent sacrifié ses intérêts personnels. J'ai beaucoup appris à l'observer. Rares ont été les occasions pour moi de pouvoir tenter de lui rendre un peu de ce que j'ai reçu de son exemple.

... et Robert Schuman

Robert Schuman est pour moi le meilleur exemple de l'homme politique fait pour faire de la politique.

Il est arrivé au Parlement, alors qu'il était jeune avocat, il y est resté jusqu'à sa mort en occupant les plus hautes charges. En quarante ans de vie politique, il ne s'est pas enrichi d'un centime. Sa seule richesse étant une exceptionnelle bibliothèque franco-allemande, parce qu'il avait été à l'école primaire allemande de Metz et se passionnait pour l'Europe. Quand on le nommait ministre, il était à son affaire.

Mon regard sur Charles de Gaulle

Je crois que la volonté de grandeur, cette obstination à être le premier, ce souci d'accomplir une tâche exceptionnelle, ce caractère pour conduire les affaires de son pays, cet orgueil, trouve sa source dans cette épreuve terrible, celle de l'infirmité de sa petite Anne. Comme s'il avait un compte à régler avec ce destin qui l'atteignait dans ce qu'il y a de plus intime. Même pendant les périodes les plus absorbantes, il savait secrètement consacrer du temps à sa fille.

J'étais en quelque sorte un extrémiste par le haut

Marc Sangnier, le fondateur du Sillon, auprès de qui j'ai été député, disait : «Moi, je suis extrémiste par le haut !» C'est aussi mon cas. À ceux qui m'interrogent régulièrement sur ce sujet, je renvoie toujours la boutade d'un ami disant, à cause de ma mauvaise oreille : «Mais il n'entend qu'à gauche !» Et moi de répondre : «Bien sûr, mais je m'assieds toujours à droite...»

J'ai du mal à me situer dans le clivage traditionnel !

On me dit de gauche. Ça me fait sourire. Droite, gauche, je n'en sais rien. Compte tenu de ce que je suis, mon choix est de montrer la réalité telle qu'elle est et de faire percevoir les priorités.

J'ai été sévère avec les communistes

Mon jugement sur les communistes a été sévère. Je ne leur reprochais pas de mentir, mais d'ériger le mensonge en vertu. Car qu'est-ce que le communisme ? Une manifestation de Désespoir dans l'Espérance, par lequel on se résigne, soi-disant pour un temps... à des excès inhumains pour hâter la venue d'un Éden humain. Or c'est un leurre.

Ce n'était pas de l'inimitié à leur égard. J'ai beaucoup d'amis parmi les communistes, dont certains me sont très chers.

Le désintéressement, la conviction, le courage m'ont servi de leçons et m'ont aidé à m'arracher au perpétuel risque de se satisfaire à trop bon compte. Et ils savent cette amitié.

L'un de mes combats d'alors, l'objection de conscience

Il est difficile, pour un Français averti, de ne pas être humilié en cette affaire, de la condition faite dans sa patrie à l'objecteur de conscience. Et, particulièrement, pour quiconque sait de quelle façon, depuis des années, ce sujet est, chez nous, faussé, caricaturé, sans cesse étouffé, nous laissant loin, en humanité et en simple bon sens, derrière la plupart des nations alliées.

Le temps est venu où des voix de combattants doivent s'élever plus fort que les voix des politiques sur ce sujet, et, insoupçonnables de complicité avec quelque lâcheté que ce soit, doivent dire la vérité ; indiquer comment peut parfaitement être conçu un mode assez rigoureux d'épreuve pour que la supercherie ne puisse jouer ; faire éclater l'ignominie du traitement sauvage imposé par la loi – et souvent aggravé par des gardes dont le sadisme déshonore l'uniforme – jusqu'ici chez nous, alors que tant de nations ont définitivement, depuis de longues années, chez elles, résolu ce problème, et que l'expérience a largement prouvé que, loin qu'il en résulte une baisse du sens civique et du vrai et juste patriotisme dans la nation, il en est résulté seulement, à la fois l'apaisement d'interminables et stériles débats plus ou moins clandestins au sein de l'armée elle-même, et l'utilisation la plus intelligente et la plus efficace pour le service du bien commun, de chaque forme de courage là exactement où elle peut servir au maximum la patrie tout entière.

Ne plus condamner le non-violent

Je fus l'un des premiers à déposer un projet de statut d'objecteur de conscience. C'est l'appel d'un colonel sortant de présider un tribunal militaire qui me décida.

Il venait, au cours d'une même séance, de faire emprisonner pour la troisième fois un témoin de Jéhovah, se contentant de répéter qu'il ne pouvait sans pécher apprendre à tuer, et... faire acquitter un séminariste allemand reconnu pour avoir, dans la débâcle allemande, exécuté des otages, mais cela sous la menace du revolver du sous-officier.

Ce colonel vint me supplier de faire que la loi ne l'oblige plus à condamner le « non-violent », s'il l'est vraiment...

Ceci m'avait conduit à revoir le général de Gaulle, lorsque le vieil anarchiste Louis Lecoin, avec sa douce obstination, s'était mis, pour obtenir le vote du statut, à jeûner jusqu'au bord de la mort. De Gaulle me dit de témoigner à Lecoin de son estime admirative, même s'il ne partageait pas toutes ses pensées, et puis il me lança en fin de notre entretien : « Bien sûr qu'il faut faire voter ce statut, quand ce ne serait que parce que c'est trop bête de s'obstiner à vouloir mettre dans les casernes ceux qui ne pourront quand ils y seront que s'employer à démolir le moral des troupes qui s'y trouvent ! »

Un service civique

La seule expérience communautaire proposée, imposée à toute la jeunesse, est l'expérience militaire. Ne serait-il pas intelligent de fonder davantage la nation sur une autre expérience communautaire, celle-là tout entière constructrice, celle d'un service civique.

À l'Assemblée constituante en 1946,
l'abbé Pierre s'adresse aux députés du MRP.

Mon combat est au service des plus faibles

S'il y a quelque chose qui pour le peuple est plus précieux que le pain, c'est sa liberté. Pourtant, il y a quelque chose qui, à certaines heures, est plus précieux encore, c'est le goût de vivre, un minimum de raisons de vivre... Ne tuez pas dans ce pays le goût de la vie, sinon demain, songez-y, c'est à vous qu'ils demanderont des comptes !...

Comment ceux qui ne sont pas dans cet hémicycle, mais qui chercheront à savoir demain ce qui a pu être la préoccupation de leurs élus, pourront-ils ne pas juger dérisoire, voire scandaleux, le niveau de préoccupations des orateurs ? La France est toute décombres, les malheureux souffrent, espèrent, regardent vers vous. Pensez à eux qui dans leur écrasement se cachent...

C'est une erreur politique, messieurs, que de faire le jeu des possédants, de tromper l'espoir de ceux qui luttent. C'est de les rejeter vers la seule force qui donne l'apparence de les défendre : le communisme !

Je démissionne du MRP

Vous avez tenté de faire vivre cette vaste famille du Mouvement comme un vieux patronage étroit et sans pédagogie. Et il se vide. La vie ne se met pas en bocal. La vertu et la vérité ne sont pas la peur de tout. (juin 1946)

La création et les débuts d'Emmaüs
(1947-1955)

Octobre 1947, l'abbé Pierre s'installe
à Neuilly-Plaisance
dans une grande maison qu'il retape.

Emmaüs a d'abord été une auberge de jeunesse

La maison de Neuilly-Plaisance était trop grande, je l'ai ouverte en « Auberge internationale de jeunesse ». Comme président du Mouvement fédéraliste mondial, je voyageais beaucoup à travers le monde. J'étais jeune et beaucoup de jeunes voulaient venir voir la France, et parler. Ils trouvaient là une auberge de jeunesse. Sans rien savoir de ce qu'il allait arriver après, un beau jour, j'ai pris une planche, un pot de peinture, j'ai écrit « Emmaüs », et j'ai accroché la planche à la porte de la maison.

Je découvre la désespérance des disciples...

J'avais depuis longtemps médité l'Évangile d'Emmaüs, que j'appelle la leçon de la « désillusion enthousiaste ». Quelle est l'histoire des disciples d'Emmaüs ? Des hommes qui avaient cru en Jésus ; ils le voyaient si sage, si saint, si puissant de miracles ; le dimanche des Rameaux, ils ont dû penser que c'était la victoire, comme la descente des Champs-Élysées lors de la Libération. Ils pensaient que ce sage, ce saint, ce puissant fils du roi David, allait les délivrer politiquement. Et ils devaient penser que puisqu'ils avaient été ses compagnons dans les temps ingrats, ils auraient de bonnes places. Mais voici, que peu d'heures après, Jésus ne fait plus de

97

miracles ; c'est le drame, l'arrestation, la persécution, les crachats, le supplice, la mort comme un brigand. Alors, dans la panique, tous désespèrent, et deux disciples fuient, sur le chemin du village « Emmaüs ». C'est la désillusion, mais dans le sens de bras cassés. Et voilà qu'un voyageur les rejoint dans la nuit tombante, il ne les gronde pas, il les interroge. Il communie à leur peine : « Pourquoi êtes-vous tristes ? » Et ils répondent : « Tu es bien le seul à ne pas savoir. » Ils expliquent ce qui s'est passé, et leur espérance.

Alors le voyageur, reprenant les textes des prophètes, leur montre comment ils annonçaient que le Sauveur du monde entier, « pour qu'il entre dans sa gloire, devait prendre sur lui le partage de toute la souffrance des hommes ».

Arrivés devant l'auberge du village, il va les quitter pour continuer la route, mais eux lui disent cette merveilleuse parole que nous aimons dans nos cimetières écrire sur la tombe de nos compagnons : « Reste avec nous, voici que le soir vient, le jour est à sa fin. » Il entre, et au moment où il partage le pain – éblouis, ils le reconnaissent.

... et la désillusion enthousiaste...

Le Seigneur, qu'ils ont vu mourant, mort, était là vivant ! Et au même instant où ils l'ont reconnu, où leur joie éclate dans leur cœur, il disparaît à leurs yeux. Ils n'ont plus besoin de le voir. Et voilà que ces hommes qui, la minute d'avant, étaient des lâches, fuyant par peur, deviennent autres...

Ce qui n'avait été que la « désillusion » négative est devenu l'« enthousiasme ». Il y avait d'abord l'illusion, il fallait la « désillusion », c'est-à-dire s'arracher à l'illusion, alors devient possible l'enthousiasme.

L'enthousiasme vient du grec *en-theos* être avec l'Éternel Amour. C'est ce qu'ils sont devenus. Emmaüs, pour moi c'est tout ça : l'illusion, la désillusion, brisure d'abord et ensuite explosion de joie, rencontre de l'Éternel qui est Amour.

... ou le commencement de la vraie vie

Nous naissons dans un monde d'illusions, et nous fabriquons toujours de nouvelles illusions. La désillusion est le commencement de la vraie vie ; on devient un homme quand on sort des illusions pour entrer dans le réel. C'est vrai en toutes circonstances, éducation, mariage, charité. Il faut avoir été non pas déçu, mais désillusionné pour savoir ce qu'est l'Amour.

Je me mets à l'écoute des jeunes désespérés

Pourquoi avais-je donné ce nom à notre auberge de jeunesse ? Je ne savais rien des désespoirs qui bientôt après allaient venir, mais je voyais venir des filles et des garçons, de ces premiers mois de l'immédiat après-guerre. On découvrait l'abomination des camps de concentration. En même temps, on commençait à découvrir les horribles conséquences d'Hiroshima et de Nagasaki.

Alors beaucoup de filles et de garçons, allemands, français, italiens, anglais... dont les pères s'étaient entretués peu auparavant, découvraient la paix revenue, à quel point d'abomination, l'homme avait été capable. Les meilleurs de ces jeunes, les plus généreux, les plus réfléchis doutaient de la vie. J'ai donc pris la décision d'afficher ce mot Emmaüs, et de leur parler à toute occasion de ce que j'appelle la « désillusion enthousiaste ».

En novembre 1949, arrive un désespéré.

Je rencontre Georges, le premier compagnon

Un jour, on m'appelle au secours, un homme a voulu se suicider. J'ai trouvé un homme horriblement malheureux. C'était un assassin, vingt ans avant il avait tué son père ; oh ! pas pour l'argent, mais dans un moment de colère désespérée. Il a été condamné aux travaux forcés à perpétuité. Il est parti à Cayenne en Guyane. Après vingt ans, il est gracié parce qu'il a sauvé quelqu'un dans un incendie. Il rentre, va chez lui, dans la maison dont il est propriétaire, et il découvre que sa femme, qui lui avait toujours écrit avec amitié, vit depuis dix ans, à son insu, avec un camarade de bagne rentré avant lui et qui était un bandit. Un fils né de cette union porte son nom puisqu'il n'y avait pas de divorce. Il avait aussi hâte de voir sa fille, le bébé attendu qui n'était pas encore né quand il est parti au bagne. Elle lui a toujours écrit, elle est maintenant une grande jeune fille de vingt ans. Mais à son arrivée, affaibli avec le paludisme, un peu tuberculeux, un peu alcoolique, il est comme une épave ; et il réalise qu'il a déçu, peut-être dégoûté, son enfant, qui s'était fait de papa qui souffrait là-bas, victime héroïque, une image idéalisée. Alors il s'enfuit, il ne peut plus vivre, il veut se tuer.

Quand je lui parle, il n'écoute rien, il n'a qu'une pensée : recommencer son suicide. C'est alors que va naître ce qu'est le mouvement Emmaüs. J'ai fait le contraire de la bienfaisance, sans calcul, mais parce que c'était la vérité. Je lui ai dit : « Tu es horriblement malheureux, et moi je ne peux rien te donner, je n'ai rien que des dettes. Mais toi, puisque tu veux mourir, tu n'as rien qui t'embarrasse, ne veux-tu pas me donner ton aide pour sauver ces autres qui attendent ? » Alors la figure de Georges, qui deviendra le premier compagnon d'Emmaüs, se transforme. Avant de mourir, quinze années plus tard, Georges m'a dit : « Père, vous m'auriez donné n'importe quoi, du travail, du pain, une maison, de l'argent, j'aurais recommencé à me tuer, parce que ce qui me manquait ce n'était pas de quoi vivre, mais des raisons de vivre. »

La première communauté d'Emmaüs est née de la décision de vivre ensemble, de travailler ensemble. Vite on fut deux, cinq, dix et bientôt il n'y eut plus de place pour la jeunesse.

En décembre 1949, la première famille est hébergée, très vite c'est l'afflux.

Je découvre les expulsions

Jamais de ma vie, je n'avais vu d'expulsion : le mobilier, la table de cuisine, le berceau du bébé, le linge, la vaisselle, tout jeté pêle-mêle sur le trottoir, dans la boue, dans la neige fondue. Quoi que dise la loi des hommes, cette brutalité inique viole une loi plus profonde, qui nous engage tous : la loi de Dieu. Une société qui l'oublie est maudite !

Jamais je n'avais vu une telle misère...

... jamais je n'aurais pu l'imaginer. On peut être un homme de cœur et un aveugle, un imbécile. Nous sommes tous des hypocrites, moi comme les autres. Quand la misère ne se montre plus, nous avons vite fait d'y devenir indifférents. Pourvu qu'elle ne soit pas visible et qu'elle ait le bon goût de ne pas gâter notre bonheur, notre petit confort, nous sommes tranquilles.

Je rencontre de plus en plus de gens désespérés

Tous les soirs, jusqu'à deux, trois heures du matin, on parcourait les rues et on découvrait tous les jours un plus grand nombre de ces gens désespérés. Tous les jours, un plus grand nombre, parce que plus le froid s'aggravait, plus nombreux étaient ceux qui, réfugiés d'ordinaire dans des caves, des greniers, des hangars sans feu, disjoints, sentaient le froid de la mort les saisir, et se levaient pour taper de la semelle par les rues plutôt que de périr inertes.

Ce quelque chose de dérisoire

Oh, j'ai compris ce que c'est un homme qui se recroqueville pour mourir au milieu de notre société de civilisés. Autant un homme, quand il est debout, c'est quelque chose d'immense, d'envahissant, qui remplit tout l'horizon ; autant un homme lorsqu'il est étendu sur le sol, se cachant en quelque sorte pour souffrir et pour mourir, c'est devenu quelque chose d'indicible, d'insignifiant, de dérisoire. Mais ce quelque chose de dérisoire apparemment, un jour, au jour de Dieu, cela se dressera de nouveau pour nous accabler et nous condamner.

Devant l'afflux des sans-logis, les compagnons bâtissent parfois sans permis de construire.
Un jour, un contrôleur de l'administration vient.
Voici la réponse de l'abbé Pierre.

J'écris « Permis de vivre »

Si vous me demandez encore des permis (de construire) alors qu'il s'agit de familles d'honnêtes travailleurs, je vous avertis : je plante de grandes pancartes sur lesquelles j'épingle les extraits de naissance de tous les enfants de ces malheureux. Je convoque la presse et j'écris : «Permis de vivre.» On nous intentera un procès parce que nous aurons violé l'ordre public ? D'accord. Mais cet ordre exige-t-il que les petits enfants meurent de froid ? Puisque le propriétaire du terrain a permis que l'on dressât une tente, c'est légalement que les enfants sont morts et que la mère est devenue tuberculeuse. On l'aurait envoyée à la morgue légalement. Il est intolérable que le fait de laisser mourir deux gosses ne soit pas un délit, mais que le fait de construire un abri pour ces gosses sans permis de bâtir en constitue un. Je suis prêt à me présenter devant un tribunal porteur de mon étole de curé, de mon écharpe de député, et à dire à un tel ordre que nous sommes résolus à le violer jusqu'au jugement dernier.

Il faut plus respecter la vie que la loi

C'est la vie qui doit créer la loi. Et non pas la loi, figer la vie.

Je lutte de toutes mes forces pour que les institutions soient réformées, pour que disparaissent les causes de tant de misères. S'il est vrai qu'à droite, on prône la bienfaisance uniquement pour refuser les réformes, à gauche, pour hâter la révolution finale, vous restez les bras ballants devant les détresses immédiates. Je réponds non à l'un comme à l'autre.

L'abbé Pierre écrit une lettre à Eugène Claudius Petit,
ministre de la Reconstruction.

Envoie la troupe. On verra bien ce que cela donnera. Tu as supprimé la zone mais non la misère. La loi naturelle passe avant la loi écrite. Il faut respecter la vie plus que la loi. Je me demande bien comment tu ferais pour nous empêcher de continuer, à moins que tu ne prennes des dispositions pour loger toi-même ces familles !

J'abandonne mon mandat de député

Pourquoi quitter la vie publique ? Parce qu'il est quasi impossible d'y témoigner sans hargne, parce que la tactique, nécessaire, y étouffe, ou y vicie l'affirmation totale. (juin 1951)

N'étant plus député,
l'abbé Pierre ne dispose plus de revenus pour
faire vivre la quinzaine de compagnons d'Emmaüs,
alors il décide d'aller mendier
dans les rues de Paris.

Comment trouver de l'argent ?

Cela a été sûrement l'un des moments les plus importants de ma vie. En mendiant, j'avais l'impression de changer le monde. J'avais aussi l'impression d'un départ dans une immense solitude.

J'ai éprouvé un certain sentiment de satisfaction à faire des choses folles, dangereuses, parfois imprudentes. Je ne l'ai découvert qu'il y a peu de temps. La nuit où j'ai pleuré après avoir mendié, je pleurais c'est vrai ; mais, au plus profond du dedans de moi, je portais une sorte de jubilation d'avoir fait ce « qui ne se fait pas » et d'avoir épaté le bourgeois.

Décembre 1951, c'est le début des chiffonniers.

Un des hommes a pris la parole : « Père, moi, je sais trouver l'argent. » « Oui, je sais que tu as été en prison, tu connais le moyen de voler. » « Oui, je sais voler, mais je connais une autre technique. » Il m'explique alors qu'en sortant de l'hôpital ou de la prison, manquant de tout et sans travail, il arrivait à vivre en triant dans les ordures ce qui pouvait être revendu. J'ai eu des difficultés à le croire. Mais il insista.

Je découvre la richesse des compagnons...

Ce sont des hommes comme les autres, ni meilleurs que vous, mais pas moins bons non plus. Si l'on regarde la réalité humaine individuellement, ce n'est pas merveilleux du tout, mais si l'on regarde l'ensemble, avec un matériau humain ni meilleur ni pire que les autres, ce n'est pas négatif...

Si nous-mêmes avions été placés dans les mêmes circonstances : hérédité, éducation, difficultés de travail, de logement, ne serions-nous pas aussi des épaves, voleurs, assassins ? Peut-être plus indignes qu'eux ?

... susceptibles d'actes héroïques et de lâchetés...

Emmaüs est né comme ça : avec un assassin suicidaire raté, une famille où il y avait deux papas pour une seule épouse, et puis un ingénieur, fils de patron, qui plaque sa femme et ses enfants pour s'engager dans la Légion étrangère ! Bref, avec des aigles blessés de toutes catégories. Et il me semble bien être le cœur humain : tissé d'ombre et de lumière, susceptible d'actes héroïques et de terribles lâchetés, aspirant à de vastes horizons et butant sans cesse sur toutes sortes d'obstacles, le plus souvent intérieurs.

... peut-être aussi de sainteté...

Mais qui sait si, ici, plus d'un n'est pas en train de devenir un saint.

... mais surtout de sagesse

Quand je parle avec mes compagnons, dont beaucoup ne sont pas des intellectuels, certains me disent : «Dieu, qu'est-ce que c'est ?» Je réponds : «Rappelle-toi ce jour où on avait dépanné de petits vieux dans une mansarde. On en avait bavé, on avait froid, on avait faim, et au retour tu m'as dit : "Père, que je suis heureux, quelle belle journée." N'oublie jamais cela. À ce moment, tu recevais le don le plus merveilleux qui puisse exister le don de sagesse. »

Ici, tout est vrai

Ce mot d'un camarade : « Ici on vit dans l'infaillible ». Si on veut militer, qu'on soit de droite ou de gauche, c'est forcé qu'on se dise (à moins d'être un idiot) : «Sur ça et ça, je me trompe. » Mais quand on bâtit, des maisons pour des mamans qui couchaient dehors, on sait qu'on ne peut pas se tromper ! Ici tout est vrai.

Lucie Coutaz, l'assistante de l'abbé Pierre,
joue un rôle essentiel
dans le développement d'Emmaüs.

Je peux compter sur l'héroïsme de Lucie Coutaz

L'héroïsme de Lucie Coutaz, c'est, avec un caractère de chef, d'avoir passé quarante ans dans l'ombre d'un autre ; on peut dire qu'Emmaüs s'est fait contre son gré et avec son concours. Elle avait les pieds sur terre. À chaque action que j'entreprenais, elle répétait : « Vous n'y pensez pas, c'est fou ! » Elle avait raison, mais je le faisais quand même. Alors, elle se disait : « Je ne vais pas le laisser tout seul ! »

L'abbé Pierre placarde ce texte
à l'entrée du camp de Noisy.

La misère est la honte d'un monde

N'oublions jamais que si une telle réalisation est à l'honneur de ceux qui l'ont généreusement rendue possible, elle est la honte d'un monde où on a laissé la spéculation faire proliférer les logis de luxe, tandis qu'on laissait sans toit la multitude des travailleurs modestes. Signé : abbé Pierre.

Le 12 juin 1953, l'abbé Pierre adresse une lettre
de découragement au provincial des Jésuites.

Je suis parfois découragé

À l'heure actuelle, en une année, d'une vingtaine, nous sommes passés à plus de cent cinquante... Une bonne vingtaine d'hommes à des degrés divers, sont des aides appréciables, malheureusement pour des tâches subalternes seulement... Ce soir, j'ai plus de fièvre encore... Je me sens tellement faible, en tout cas moins solide que l'an dernier. Je n'ai pas pu prendre une seule journée de repos, ni même de retraite... Pardonnez mon insistance, elle est peut-être indiscrète, mais je vous l'assure, même si ce n'était qu'à titre d'essai, pour peu de temps, je vous en supplie, secourez à la fois tous ceux qui ont besoin que je ne sois pas trop tôt hors d'état de travailler avec eux, et moi-même car, à tout point de vue, j'en ai désormais un besoin absolu. Je n'en peux plus.

> *L'abbé Pierre écrit à Maurice Lemaire,*
> *ministre de la Reconstruction*
> *pour l'inviter à l'enterrement d'un bébé mort de froid dans la cité.*
> *La lettre est publiée par le* Figaro *et le ministre vient.*

Pensez à ce bébé

Le petit bébé de la cité des Coquelicots à Neuilly-Plaisance, mort de froid dans la nuit du 3 au 4 janvier, pendant le discours où vous refusiez les cités d'urgence, c'est à quatorze heures, jeudi 7 janvier, qu'on va l'enterrer. Pensez à lui.

Ce serait bien si vous veniez parmi nous à cette heure-là. On ne vous recevrait pas mal, croyez-moi. On sait que vous ne vouliez pas ça en renvoyant à dans trois ans ceux qui couchent sous les ponts au sortir de l'usine...

On aimerait tellement mieux vous aimer que de lutter contre la tentation de vous maudire.

> *Le 1er février 1954, l'abbé Pierre lance un appel*
> *à la radio nationale puis sur Radio Luxembourg.*
> *C'est le début de l'insurrection de la bonté.*

Je lance l'insurrection de la bonté

Mes amis, au secours ! Une femme vient de mourir gelée, cette nuit à trois heures, sur le trottoir du boulevard Sébastopol, serrant sur elle le papier par lequel on l'avait expulsée.

Chaque nuit, ils sont plus de deux mille, recroquevillés sous le gel, sans toit, sans pain, plus d'un presque nu.

Devant tant d'horreur, les cités d'urgence, ce n'est même plus assez urgent.

Écoutez-moi ! En trois heures, deux premiers centres de dépannage viennent de se créer ; l'un sous la tente, au pied du Panthéon, rue de la Montagne-Sainte-Geneviève, l'autre à Courbevoie. Ils regorgent déjà. Il faut en ouvrir partout.

Il faut que ce soir même, dans toutes les villes de France, dans chaque quartier de Paris, des pancartes s'accrochent sous une lumière, dans la nuit, à la porte de lieux où il y ait couvertures, paille, soupe et où l'on lise sous le titre « Centre fraternel de dépannage », ces simples mots : « Toi qui souffres, qui que tu sois, entre, dors, mange, reprends espoir, ici, on t'aime ! »

La météo annonce un mois de gelée terrible. Tant que dure l'hiver, que ces centres subsistent ! Devant leurs frères mourant de misère, une seule opinion doit exister entre les hommes : la volonté de rendre impossible que cela dure.

Je vous en prie ! Aimons-nous assez tout de suite pour faire cela.

Que tant de douleur nous ait rendu cette chose merveilleuse : l'âme commune de la France. Chacun de nous peut venir en aide aux « sans-abri », il nous faut au plus tard pour demain : 5 000 couvertures, 300 grandes tentes américaines, 200 poêles catalytiques. Déposez-les vite à l'hôtel Rochester, 92, rue de la Boétie. Rendez-vous des volontaires et des camions pour le ramassage ce soir à 23 heures, devant la tente de la Montagne-Sainte-Geneviève.

Grâce à vous, aucun homme, aucun gosse ne couchera ce soir sur l'asphalte ou sur les quais de Paris.

François Mauriac réagit à
cet appel dans son Bloc-Notes.

La baguette d'aucune fée n'a jamais, dans aucun conte, créé un tel prodige. C'est un grand moment de l'histoire cordiale de la France.

Gilbert Cesbron d'ajouter.

Nous sommes des milliers à avoir eu la sensation de vivre quelque chose qui n'aurait pas pu se produire la veille et n'aurait plus jamais lieu. Ce soir-là, il y a eu une communauté entre inconnus (comme la nuit de la Libération) et c'est une chose inoubliable. *Et quel symbole, cette sorte d'anti-Noël, au lieu d'un enfant qui naît, un enfant qui meurt de froid par la méchanceté, l'imprévoyance, l'impéritie des hommes !*

La beauté d'une ville, c'est l'absence de misère

La beauté d'une ville, la beauté d'une nation, elle n'est pas dans ses jardins, dans ses théâtres, dans ses musées, ni même dans ses cathédrales. Elle est de ne pas avoir de taudis. Elle est de ne pas avoir de désespérés.

Il faut préférer l'action à la bonne conscience

L'indignation pourrait avoir beau jeu de nous donner bonne conscience. Pourtant, elle ne dispense pas de l'action.

J'avais lancé des phrases à l'improviste

Il s'est passé quelque chose d'extraordinaire parce que quelques phrases ont été lancées, comme ça, à l'improviste, par surprise. Ces paroles étaient banales, ordinaires. Quand on les relit, on s'étonne de leur simplicité. Des paroles, cent fois répétées par d'autres, autrement qualifiées, mais qui n'avaient pas eu d'écho.

J'avais agi comme un gosse...

Je me suis fait l'effet d'un gosse qui, en ayant joué sous la table, aurait appuyé sur un bouton et fait sauter une bombe atomique.

*L'abbé Pierre s'adresse
aux paroissiens d'Argenteuil.*

Refuser ce monde où le plus grand nombre souffre

Vous méprisez l'ivrogne qui titube dans la rue et la prostituée qui fait le trottoir. Vous avez tort... Ils n'ont pas de logement, mais un taudis. L'enfant qu'ils ont eu ne résiste pas à la misère, au froid, il meurt. L'homme se détourne, amer et déçu, il boit... Et, autour d'eux, parmi les bien-pensants, pas un seul qui aurait laissé sa voiture dans la rue pour leur offrir l'abri de son garage. Alors à qui la faute ? Vous avez bâti un monde où la multitude ne peut aspirer au bonheur. Que dis-je, au bonheur ? Elle ne peut aspirer au minimum vital, au minimum d'un logement.

Faire la charité

C'est la loi de construction du monde.

La vraie charité ne consiste pas à pleurer ou simplement à donner, mais à agir contre l'injustice.

Lutter contre l'injustice

La pitié n'est pas une fin. Seule la justice est un but digne de l'homme. (août 1954)

> *En août 1954, l'abbé Pierre lance la revue* Faims et soifs *qui veut éveiller la conscience du public aux détresses humaines.*

Dès le premier mois, du 1er au 31 juillet, 14 700 abonnements ont été souscrits. Le tirage de 100 000 exemplaires du numéro 1 a été épuisé. Plusieurs des plus authentiques grands de la terre, de Nehru à Jean Rostand, en passant par Schweitzer, nous ont apporté leurs encouragements... Il convient sans cesse de faire savoir, d'imposer à la connaissance, la souffrance. C'est la première condition pour que naisse une action vraie, c'est-à-dire non pas seulement une action qui soulage, mais une action qui détruise les causes. Alors cessera d'être étouffée la voix des hommes sans voix...

... Soyons convaincus que l'on ne lutte efficacement contre l'injustice qu'en participant à la condition de ses victimes. Et que jamais l'on ne sait y participer assez. La lâcheté de l'évasion individuelle, du consentement à être heureux sans les autres, nous reprend sans cesse. C'est chaque jour qu'il faut s'en défaire.

> *Albert Schweitzer, Nehru, Jean Rostand et*
> *Walter Hallstein, s'associent à ce projet.*
> *Albert Schweitzer écrit une longue lettre à l'abbé Pierre,*
> *dont voici quelques extraits.*

Cher abbé Pierre, la mission à laquelle vous êtes appelé est nettement tracée. Vous enseignez aux Français par votre activité qu'il y a le problème : « qui donc est mon prochain ? » et qu'il faut le voir et chercher en quoi chacun a à s'occuper de ceux que Dieu lui envoie sur sa route. Votre mission est de créer l'armée des gens qui se voient obligés par leur conscience de servir leur prochain non seulement par des contributions à des œuvres, mais par une activité personnelle... Vous avez l'énorme privilège de prêcher par l'activité ! Vos idées émanent de la particularité de votre activité. Les mots ne sont que l'accompagnement en sourdine ! Gardez ce privilège ! Accueillez ceux qui se sentent appelés à s'occuper du prochain. Organisez le travail qu'ils auront à faire individuellement et en groupe. Éveillez en eux l'esprit de rester fidèles à la tâche, d'agir en simplicité... Vous n'êtes qu'au début de votre tâche. Vous aviez le début facile. Vous avez soulevé l'enthousiasme. Mais à présent, il s'agit d'entretenir l'enthousiasme, de le guider, de le faire travailler. Cher abbé Pierre, les difficultés des heures qui suivent cette première heure vous attendent. Parez-y. Ne vous laissez pas distraire par rien. Adonnez-vous à la tâche, gardez courage. Ce que le monde attend, ce sont des idées agissantes.

> *L'abbé Pierre devient*
> *l'un des personnages les plus médiatiques*
> *et fait la une de la plupart des journaux.*

Les surnoms que m'a donnés *Le Canard enchaîné*...

Saint Jean Bâtisse, Saint Vincent des Piaules, abbé Pierre réfractaire, Pierrot le feu, Pierre à bâtir, Saint et millions, Sésame ouvre-toits, l'Ascète en glaise, Pierre Lotit, Robin des Toits, Bernardin de Cent Pierres, Pierre Termite...

On en oublie les déshérités

On se gargarise avec le « formidable abbé Pierre » et on s'en contente. Le reste ? On ne fait rien... On crée un culte et, à l'occasion de ce culte, on oublie le plus important : les familles et les gosses sous la tente.

Je découvre les désagréments de la notoriété

La pire vacherie que l'on peut faire à un copain que l'on n'aime pas, c'est de lui souhaiter de devenir célèbre. Un peu de célébrité, ce n'est pas désagréable. Au-delà d'un certain degré, il y en a franchement marre. Comment j'ai géré ma notoriété ? Je me suis débrouillé avec, je l'ai supportée. En vérité, ma première réaction consiste à ne pas en tenir compte. Je n'ai jamais pensé : qu'est-ce que les gens vont encore dire, on va me poursuivre, me demander des autographes. Je m'en fous. D'abord l'acte, l'action.

En novembre 1954, Charlie Chaplin remet à l'abbé Pierre
la moitié de la somme qu'il a reçue du prix des partisans de la paix,
remis par l'Union soviétique.
À ceux qui demandent à l'abbé Pierre
s'il n'appréhende pas de recevoir
« cet argent de Moscou », il répond.

Dans l'Évangile, il y a une histoire parmi tant d'autres dont je crois qu'il faut savoir déchiffrer les leçons. C'est l'histoire du denier à César. Si le Seigneur disait de payer l'impôt, on dirait : « C'est un anarchiste. » C'est un peu ce qui m'arrive aujourd'hui. Si je refuse ce don parce que son origine est des partisans de la paix, on dira : « Vous voyez bien, sa charité est politique, il préfère avoir moins, pouvoir moins aider les gens que de recevoir de l'argent qui vient de ceux qui n'ont pas la foi. » Mais si j'accepte, je le sais, il y aura des gens pour dire : « Il sert aux malheureux de la soupe rouge. » Ce n'est pas que je n'ai pas la foi, que je n'ai pas mes opinions, je ne pourrai les communiquer qu'à des vivants et pas à des cadavres, et que Notre Seigneur, s'il était là, ferait ainsi en distinguant entre les opinions et le pain pour ceux qui ont faim.

Est-ce que ce ne serait pas magnifique, si demain, la guerre consistait, au lieu de s'envoyer gratuitement, sans facture, des bombes, des torpilles et tout le reste, si la guerre consistait, demain, à se bombarder avec des chèques pour soulager la misère de l'adversaire et le convaincre que celui qui a envoyé le chèque est meilleur que son gouvernant.

Petit à petit, les principes d'Emmaüs se mettent en place

Respecter l'homme malheureux. Lui inspirer confiance. La mériter. Respecter son secret, sa pudeur car son passé ne nous appartient pas. Respecter sa liberté religieuse : ne lui fais pas chanter des psaumes pour lui offrir en échange de la soupe. Ce serait le dégrader.

Restituer à l'homme sa dignité : voilà le grand secret ; sans lequel aucun de ces chiffonniers ne ferait ce qu'il fait, ne vivrait dans les conditions préhistoriques des champs de gadoue : ainsi Dieu sera dans son travail, et un jour ou l'autre, sans que nous y intervenions par le dehors, entrera dans son cœur réconcilié.

Emmaüs refuse l'idéalisme...

Dieu n'est pas dans le ciel, il est dans le pauvre type qui te parle en ce moment. Le Christ est incarné dans ce voyou, ce voleur, ce menteur. La gloire de Dieu est incarnée en toi qui lis, en moi qui parle.

... préfère l'action...

L'homme a une âme ; mais avant de lui en parler, qu'on mette une chemise et un toit au-dessus de cette âme. Après on lui explique ce qu'il y a dedans.

... et le respect de l'autre...

Il ne s'agit pas uniquement de donner de quoi vivre, mais de rendre aux malheureux des raisons de vivre.

... croyant ou non-croyant

Un des principes d'Emmaüs, la même soupe pour tout le monde, croyant ou non.

C'est déjà du spiritualisme

La lutte pour mon pain, ce ne peut être que du matérialisme ; la lutte pour le pain des autres, c'est déjà du spiritualisme.

Je découvre la sincérité du pauvre...

La valeur que le pauvre attache à ce mot, une valeur absolue, sacrée, « c'est un sincère ». C'est du même accent que ces hommes, dans leur extrême misère, prononcent ce mot, que le Seigneur parlera de chacun au Jugement dernier : « J'ai eu faim et tu m'as nourri, tu as été sincère. » Tout le reste n'est que moyen, là est le but.

... la place de l'autre...

La première règle avant d'agir, c'est de se placer à la place de l'autre.

... et l'action

Gardons au cœur l'impatience de faire. Et l'indignation dans l'action.

Il ne faut pas attendre d'être parfait pour commencer quelque chose de bien.

J'apprends à être patient

Ce n'est pas en tirant sur l'herbe qu'on fait pousser le blé plus vite. Savoir avec amour patienter, regarder au jour le jour, le petit effort, la lente montée de chacun.

J'aime comparer Emmaüs à un arbre

Dans un arbre, il y a un tronc, il n'y en a qu'un, mais regardez les racines : il n'y en a pas deux pareilles, et ce sont ces racines invisibles, dans l'ordure, le fumier, la boue, avec leur diversité, qui sont la source de la vitalité. Regardez les branches : il n'y en a pas deux pareilles ; elles procèdent d'un tronc unique avec leur diversité. Il faut que nous soyons capables de nous estimer les uns, les autres dans nos diversités.

Nous avons l'insolence de faire des choses qui ne se font pas

Peut-être que ce que nous avons fait de plus important, c'est d'avoir eu cette insolence de faire des choses qui ne se font pas, de dire des choses qui ne se disent pas, de braver cette hypocrisie inconsciente des gens heureux, et de leur jeter à la figure le spectacle désagréable de la souffrance, de la détresse injustes de ceux qui sont malheureux.

Qu'on ne me demande pas d'être prudent ou de mûrement réfléchir avant de prendre une décision. Qu'on ne me demande pas non plus d'être sage, comme on dit à un enfant : « Sois sage. Ne bouge plus. » Ce n'est pas la peine. Je n'aurai jamais cette sagesse-là. C'est ainsi, je suis bâti comme cela.

Après un squatt au pont Sully,
l'abbé Pierre écrit la nuit suivante
ce poème sur les anges gardiens.

Vivement la fin du monde

Anges gardiens
Mais où êtes-vous, que faites-vous ?
Anges de riches
Anges de désolés
Anges de tous les fils de l'homme,
Regardez !
Ça fait trop mal
On n'en peut plus dormir
Anges, grondez,
tonnez, frappez
Il y a trop de larmes
et de ventres creux
et de dos grelottants
et de mains vides
Parmi trop de ventres trop pleins
de rires animaux
de sueurs de brutes trop vêtues

114

ou de raffinement
de bons à rien dorés.
Anges, sonnez
de vos trompettes de tonnerre
Que le partage soit fait
Ah ! vivement la fin du monde
enfin la justice
Il y a trop de malheur
Il y a trop de débine
Parmi trop
de salauds distingués.
(2 août 1955)

Ce que j'ai appris d'Emmaüs

– d'abord cette évidence : qui que nous soyons, minuscules, dépassés ou défaillants, nous pouvons tous être appelés à servir. Et cela n'a pas grand-chose à voir avec le mérite. Seulement dire oui à un appel et revenir à ce oui malgré les moments où l'on est défaillant.

– et, en même temps, cela m'a appris ce que c'est qu'être humilié affreusement au-dedans de soi, parce qu'on se découvre crûment ni admirable, ni capable, tandis que, partout autour de soi, tous se réclament de celui qui est ainsi mis en vedette.

– et puis cela m'a appris beaucoup de patience. Car il a fallu continuer. Et il le faut. Tout en sachant chaque jour tant insuffisant.

Enfin ce n'est pas le travail qui donne une dignité à l'homme. C'est l'homme qui donne sa dignité au travail par le but qu'il y met. Le travail n'est rien d'autre que l'accomplissement du devoir, pour chacun, d'utiliser ses capacités au service des autres et spécialement des plus souffrants.

Le travail ne suffit pas ; on peut travailler pour soi et s'enfermer dans son égoïsme. Mais le service est un moyen de se remettre debout. C'est ce qui donne tout son sens au travail et à notre vie. C'est ce qui fait d'un être une personne, c'est-à-dire une relation d'amour.

Propager l'idéal d'Emmaüs
à travers le monde
(1955-1963)

De 1955 à 1965, l'abbé Pierre voyage
à travers le monde pour créer ou animer
de nouvelles communautés Emmaüs.

Mon rôle est celui d'un animateur international ; je m'applique à visiter les communautés lointaines pour que la relève se fasse sans problème lorsque je partirai pour « les grandes vacances ». Il s'agit bien davantage de communiquer des raisons de vivre que de donner de quoi vivre ! Et je constate avec joie dans la jeunesse une évidente volonté de service et de dépouillement.

Je pars aux États-Unis...

Je ne suis pas venu vous demander de l'argent mais beaucoup plus. Gardez cet argent qui pourrit tout, partout à travers le monde... parce que tant qu'il n'est pas précédé du don de vous-mêmes, de votre présence parmi ceux qui souffrent, il est inutile, il gâche au lieu de sauver.

... un pays qui a peur...

« Que faut-il faire, Père, lorsqu'on a peur d'avoir peur ? » me dit-on là-bas à plusieurs reprises. Et enfin, il constate comment croît chaque jour chez lui, comme nulle part ailleurs sans doute au monde, la criminalité infantile.

... et qui s'interroge

« Qui nous dira ce qu'il faut faire pour bien faire ? » répètent-ils, inlassablement... La réponse est claire, indiscutable, ils la pressentent... La réponse qui est que « la vie prime l'argent »... Avec tout l'argent du monde, on ne fait pas des hommes, on les dégrade ; mais avec des hommes qui se donnent eux-mêmes, on fait tout, y compris l'argent, utile, dès lors qu'il est non plus maître mais serviteur...

Ce siècle, plus qu'aucun autre, depuis longtemps, attend son saint François d'Assise pour lui rappeler, en acte, que la vie l'emporte sur l'argent, et que l'amour est don avant d'être emprise. Ce n'est qu'alors que reprendront leur sens et que deviendront réalité, les mots « joie » et « paix »...

Les puissances les plus gigantesques matériellement, celles de l'Amérique proche de nous, sont pour l'univers un péril terrifiant à cause des maladresses que leur puissance peut porter à des proportions fantastiques. Elles sont un péril gigantesque si les nations, certes incapables de prétendre à une égalité de puissance matérielle ou financière, les nations les plus vieilles, les nations saignées, lassées, les nations comme la nôtre, ne prennent pas conscience qu'elles ont une responsabilité à assumer auprès de cette puissance.

Puis je visite le Canada riche, trop riche

Lorsque je terminais ce périple dans ce Canada catholique, dans ce Canada trop riche, bien qu'il ait lui aussi ses taudis et ses misères horribles, dans cette réunion sur la colline du mont Royal, à Montréal devant 20 000 personnes, je lançais des paroles qui apparaissaient incendiaires. « Le moment est venu, disais-je, où ceux qui se prétendent chrétiens doivent prendre conscience que, aux yeux de Dieu, le blasphème vrai, ce n'est pas le cri de colère qui vient aux lèvres d'un homme qui voit souffrir ses gosses ; ce n'est pas le cri de colère, de désespoir ou de révolte d'un peuple entier qu'on a trop longtemps abandonné dans l'exploitation, mais c'est l'indifférence de nos cœurs de prétendus chrétiens devant la profanation de l'image de Dieu qui s'accomplit dans un milliard d'êtres humains à travers la terre. »

Je m'adresse ainsi au clergé canadien, venu m'écouter... en limousine. Est-ce que vous ne croyez pas qu'une partie des malheurs du monde, à travers les malheurs de l'Église tient à ce que les fidèles aisés s'ingénient à assurer à leur clergé des conditions de vie suffisamment semblables aux leurs pour être tranquilles ? Pour que des pages entières de l'Évangile ne soient plus annoncées ?

Le monde est dominé par les deux grands

Avec la détente, a sonné l'heure du début d'une guerre nouvelle. La seule guerre qui peut avoir ses gagnants et ses perdants. Mais il faut pour cela que, dans cet univers, présentement polarisé principalement autour de deux centres de force, entre lesquels s'étend l'immensité de la misère, ni l'un ni l'autre de ces deux centres de force ne l'emporte sur l'autre, mais que ce soit avec une force équivalente qu'ils livrent l'assaut du service du plus souffrant, de sorte que ni l'Ouest, ni l'Est, ne soit le vainqueur de cette guerre-là, mais que le malheureux soit le vainqueur unique...

Tandis que l'Est, dès longtemps, a préparé l'esprit de ses peuples et spécialement de sa jeunesse, à faire don de soi pour un tel combat, sans grand salaire, sans grand confort, sans grande perspective d'avancement dans la passion de se mêler aux groupes dans le besoin de susciter le soulèvement de leurs énergies, l'Ouest laisse vacante en sa jeunesse cette faim de se donner qui est naturellement au cœur de toute jeunesse humaine, lui substituant le calcul, et la confiance...

Où sont, à l'Ouest, les centaines de milliers de volontaires, disposés à donner, non seulement leur impôt, mais leur vie, parmi les peuples qui souffrent, obscurément, jusqu'à ce qu'ils aient réussi à ce que ces peuples soient prêts à assimiler les dons matériels ?

Je découvre les délicatesses des « gens du peuple »

Enfant, j'étais étonné de la force – autant que de la détermination d'ailleurs – de la distinction établie par les termes « gens du monde » et « gens du peuple ». En mon imagination de rêve, je supposais que les « gens du monde », ce devait être ceux qui seraient un jour assez riches pour pouvoir s'ils le voulaient, connaître le monde entier, faire le tour du monde et de tous les peuples ! Quant aux « gens du peuple » tout ce que je savais, c'est que c'étaient ceux qu'on ne recevait pas comme des amis, mais comme des serviteurs, que l'on honorait à bien traiter, à aider, à visiter, à affectionner même certes parfois, mais dont il était entendu, une fois pour toutes, que les convenances exigeaient avec eux des attitudes telles que nul ne puisse croire que l'on soit des leurs.

Petit à petit grandissant, je découvrais cependant qu'il y avait chez les « gens du peuple » des délicatesses que bien des « gens du monde » n'étaient guère capables d'avoir, et aussi des duretés ou grossièretés ici ou là que je ne connaissais pas, et des privations souvent dont je restais interdit ; puis je découvrais que chez plus d'un des « gens du monde » il y avait sitôt déposé le masque des politesses de salon, tant d'intrigues, de laideurs profondes, de brutalités dans la course aux postes, aux héritages, aux gains, que j'admirais chaque jour plus ceux (et mes parents en étaient, Dieu merci !) dont le cœur était différent ; mais du même coup je mesurais la fragilité et la vanité de la fiction sur laquelle se fondait le partage entre « monde » et « peuple ».

Plus tard, devenu homme, ayant vécu l'énorme brassage de la guerre sous toutes ses horribles formes, ayant parcouru un grand nombre de pays, de peuples de couleur, ayant enfin vécu, totalement, longtemps, parmi les familles dites populaires, et parmi les plus rejetés, les plus désespérés, résolument, j'ai admis l'évidence : quiconque désire ne pas être du peuple c'est qu'il a déjà placé ses intérêts hors de l'intérêt de tous, il joue un jeu autre que le bien commun, il s'est lui-même déjà excommunié ; il y a de la trahison permanente en germe, fût-ce à l'insu de la plupart de cette sélection. Il faut d'ailleurs immédiatement préciser que de tels séparés, il s'en trouve, en convoitise, dans l'attente d'avoir la possibilité de l'être en fait, plus d'un parmi ceux que « le monde » n'admet pas encore entre les siens.

Je m'insurge contre les dégâts causés par l'alcoolisme

L'alcool fait pire que tuer. Il avilit. Il n'avilit pas seulement celui qui se livre à ses désordres : il avilit les autres, par la plus sournoise, la plus irrémédiable, aussi, des contagions : celle de l'hérédité.

Quand une nation – que l'on dit intelligente et courageuse – non seulement ne fait rien de sérieux pour se garder et se guérir de l'alcoolisme, mais le laisse s'accroître pour les profits financiers de quelques-uns et sous la pression de ceux qui en retirent la plus misérable des popularités politiques, quand une telle nation ne sait plus que rire ou se moquer de la dégénérescence qui lui vient ainsi, c'est assurément qu'elle est abandonnée aux mains de responsables bien veules...

On appelle assassins scrupuleux ceux qui tuent pour de l'argent. De quel nom faut-il appeler ceux dont la plantureuse fortune repose sur cette débauche d'affiches publicitaires, incitant le plus grand nombre à consommer le plus possible de ces boissons, fabriquées librement, et qui font annuellement, par dizaines de mille les fous, les brutes, les foyers détruits et les gosses abêtis ?

Savamment ces fabricants asservissent, tour à tour, par leur argent, les milieux politiques, une portion considérable de la presse, des programmes entiers de radios et de télévisions vivant de telles publicités, non chez nous, mais tout autour de nous.

Maudites soient les bienfaisances qui prétendraient racheter tant de crimes avec quelques dîmes prélevées sur de tels bénéfices !...

Il est temps d'organiser l'action nécessaire, à la dimension du pays tout entier pour exiger le remède, le seul efficace, celui qui atteindra le mal à sa source, c'est-à-dire dans ses causes sociales, et plus encore dans sa cause économique : la possibilité de s'enrichir impunément dans l'exploitation industrialisée du vice.

Je dénonce la tragique condition faite aux vieillards

Peut-être la condition faite aux « vieillards », aux anciens qui persévèrent dans la survivance au-delà du temps où ils eurent assez de force pour, plus ou moins bien, plus ou moins sagement, plus ou moins efficacement « se défendre » et obtenir un minimum d'égards parce qu'ils étaient « productifs », peut-être la condition faite à ceux-là, nos vieux (tout comme celle faite à la faiblesse et à l'improductivité des tout-petits et des souffrants), peut-être l'attitude envers ceux-ci est-elle l'un des indices les plus valables, les plus authentiques, qui ne trompent pas, auxquels jauger, bien au-delà du rythme de diffusion des frigidaires et autres excellentes bagatelles, le degré et la qualité réels de la « sauvagerie » ou de la « civilisation » d'un monde. Où en sommes-nous en cela en nos pays industrialisés et orgueilleux de leurs trouvailles ?

Certes pas (ou plus) au pire. Mais combien loin du compte pourtant ! Et peut-être, sans le vouloir, en recul d'une certaine façon, depuis peu.

En recul, parce qu'ayant pour nos « vieux », par tant de progrès thérapeutiques et médicaux, prolongé la durée des ans, nous avons du même coup prolongé celle des délaissements dans la mesure où nous les entourons trop peu.

Puisse chacun regarder ce que vaut son âme, son être, dans ce miroir, le miroir de ce comportement-là ; face à ce critère de la part qu'il donne de son temps, de ses biens et, plus que tout, de son cœur, aux vieillards. Ce miroir ne trompe pas. Et chacun, ayons le courage, dans la mesure où nous aurons senti, en cette réflexion, que nous le méritons, de nous traiter de faux civilisés et de partiellement sauvages !

> *Deux ans après l'insurrection de la bonté,*
> *l'abbé Pierre publie une lettre ouverte*
> *au président du Conseil, Guy Mollet.*

Délivrez-nous de ces mensonges mortels

Après l'insurrection de la bonté et du bon sens, si ne se réalise, avec la force et la promptitude nécessaires, l'insurrection de la justice, alors ce seront, inévitablement et simultanément, les insurrections de la colère et les dégénérescences du dégoût...

Permettez-moi, avec toute ma respectueuse et cordiale sympathie, de vous crier, à vous qui êtes en ce jour même, anniversaire du soulèvement de voici deux ans, investi, comme rarement président le fut, de la confiance et de l'espérance populaires, permettez-moi de vous crier : « Au secours ! Délivrez ce pays de quelques mensonges mortels, meurtriers, sous lesquels, depuis si longtemps, on le mutile et l'écœure. »

Le logement, c'est une question de justice

Il faut le dire et le crier : ce n'est pas vrai qu'un problème comme celui du logement soit une question de charité, de bienfaisance. Pour ceux qui honnêtement travaillent, c'est un droit et une question de justice et non pas une aumône. C'est une insulte pour ceux qui travaillent de leur dire que la bienfaisance fera face à leurs problèmes et leur viendra en aide.

L'exode rural s'intensifie.
Le dialogue rural/urbain devient difficile.

Nous sommes tous les fils d'une même terre

Les dédains envers les gens des terroirs sont aussi sots que peuvent être, à l'inverse, les harangues sentimentales et béates (le plus souvent en provenance de ceux que leur condition privilégiée préserve autant des fardeaux du travail rural que de celui des réels travaux de la ville, gens différenciés, parfois appelés à gouverner, et qui croient beaucoup savoir parce qu'ils sont hors des besoins) relatives aux idylliques « retours à la terre » !

Nulle société (et plus que jamais en ces temps d'industries) ne saurait trouver son harmonie hors d'un effort réciproque des uns et des autres pour mener de front les luttes pour plus d'humanité en tout, c'est-à-dire à la fois pour plus de sécurité, de dignité et d'épanouissement, autant de vies rurales que de vies urbaines. Nous sommes tous hommes d'une seule et même terre. Qu'elle est aberrante l'attitude de ceux qui croient se grandir en affectant de s'éloigner de celle-ci davantage ?

L'abbé Pierre fonde l'IRAMM
(Institut de recherches et d'action sur la misère du monde)
qui veut se servir de l'expérience d'Emmaüs
pour aider au développement des pays pauvres.

Nous allons vers une civilisation planétaire

On est entré dans un temps où il s'agit de savoir si nous serons capables de faire face à une nécessité de civilisation planétaire, civilisation qui devra être extrêmement souple, étant donné la grande diversité de ce qui est à coordonner, pour respecter la variété des points de départ de la condition matérielle et morale de chacune des parties...

Il n'y a civilisation qu'à partir du moment où est pris en considération l'homme dans sa valeur d'Homme. Et non pas dans sa qualité de puissance, et non pas en partant de ses galons, du nombre de ses diplômes, de la quantité d'argent et des richesses qu'il possède. (Journée d'études de l'IRAMM, août 1956)

En ce temps, les évolués, parmi les humains des peuples terrassés par la faim, savent que tout le suffisant existe pour pouvoir faire cesser, pourvu qu'on le veuille, la faim, plus aisément qu'on ne détruit, de-ci de-là, dans un bloc, puis dans l'autre, îles perdues ou centaines de kilomètres de désert, après des dépenses préparatoires incalculables (dont nul n'ose avouer les montants) pour les « essais » de « défense » atomique.

Lors d'un voyage à Rabat,
l'abbé Pierre fait une déclaration à Mohammed V
et au peuple marocain.

Avec tout l'argent du monde, on ne peut rien faire sans les hommes, mais avec les hommes, on peut tout, y compris de l'argent. (1956)

L'abbé Pierre décèle
déjà un déficit démocratique
dans les prémices de la construction européenne.

On veut fonder l'Europe sur des intérêts privés

L'Europe est nécessaire mais elle échoue dans sa recherche de son unité. Pourquoi, si ce n'est que parce qu'elle ne peut être que mutilée, tant que sont au cœur de ceux qui disent vouloir la fonder, d'autres soucis que celui de mettre en commun l'effort pour la délivrance des plus dénués de tout, dans toutes ses nations. On a voulu la fonder d'abord sur les intérêts privés, puis sur d'équivoques affirmations de nécessité de sécurité... Si les gouvernants avaient été assez « de leurs peuples », ils auraient senti qu'il fallait la fonder sur des pactes du pain et de bâtiment ! Dans l'enthousiasme de la jeunesse et de la multitude, elle serait faite ; et les accords de sécurité militaire nécessaires, et aussi les intérêts privés, dans la mesure où ils peuvent être légitimes, tout cela aurait suivi, se serait trouvé assuré.

Mais il aurait fallu pour cela des hommes qui croient en leurs peuples, qui les connaissent, et pour cela qui davantage « en soient ».

Il n'est pas normal de sous-estimer la valeur des enseignants

Comment ne pas voir à l'évidence que c'est, non seulement une injustice mais aussi une absurdité qui, à la longue, ne peut que paralyser gravement tout l'enseignement, de laisser tant de maîtres dans une condition si inférieure à celle que, à titre égal, l'on obtient dans les autres carrières. Jouer sans mesure sur les réserves de dévouement lorsqu'il s'agit d'une fonction, aussi essentielle que celle-là pour l'épanouissement de la nation, n'est-ce pas folie ?

Je veux dénoncer l'exaltation du gagnant

Toutes les révoltes se lèvent au nom des droits violés. Toutes aboutissent à violer des droits. Toute l'histoire des « hommes illustres » de quoi est-elle faite d'autre que de l'exaltation du gagnant, de celui qui a eu le « génie » de cogner plus vite, plus fort, plus inexpiablement, fondant sur son muscle les droits à venir.

Hier, la Corée était « libérée » à coups de vagues d'assauts, fluctuants, inlassables, du Nord au Sud, puis du Sud au Nord, pour interminablement, de « libérations » en « libérations » rouges puis blanches, blanches puis rouges, laisser tout ravagé, consumé, envahi de cimetières, d'orphelinats et d'asiles pour mutilés. Sud et Nord, Nord et Sud, devenus semblables soudain – du moins en cela – en l'horreur de leurs détresses.

En 1957, l'abbé Pierre, surmené, épuisé et malade,
est envoyé dans une clinique en Suisse.
Le mouvement Emmaüs fait scission.

Je sais les difficultés

J'ai tâché de mieux mettre au clair mes devoirs principaux dans tout ce travail que nous portons et souffrons ensemble... Je sais toutes les sortes de difficultés... Sont-elles insolubles ? Sûrement pas... Oh ! si, pour une part, les difficultés viennent de moi, que je réussisse à les faire cesser celles-là. Je voudrais tant votre paix, votre joie à tous... Comme santé, ça a été assez ; pas merveilleusement, mais assez. J'ai dormi (c'est un exploit !)

Le 16 juillet 1958,
l'abbé Pierre écrit une lettre à Lucie Coutaz.

J'ai peur, quand vous serez là, d'être bien lourd à supporter, bien peu secourable pour votre propre peine, tant je suis souvent à bout. Mon Dieu, que tant de nuit est dure... Pardon de n'avoir plus de courage. Il y a des jours affreux.

Je souffre d'incompréhension

J'ai beaucoup souffert aussi du délaissement par les amis, de l'incompréhension. Même si ces moments-là ont été plutôt rares. La première des deux épreuves les plus fortes de ma vie intervint en 1958 lorsqu'on m'interna pendant plusieurs mois pour épuisement physique et psychique. Des médecins persuadèrent mes proches que j'étais fou, et certains avec des motivations très diverses, tentèrent alors de récupérer le mouvement Emmaüs... pour le sauver, pensait nombre d'entre eux.

Je vis difficilement les querelles et les schismes au sein d'Emmaüs

Quand j'ai été très malade et qu'on me croyait fichu, à la fin des années cinquante, il y a eu des querelles et des schismes dans notre mouvement qui commençait... J'étais donc isolé dans la clinique des Prangins, en Suisse, et je ne recevais plus d'informations des chiffonniers d'Emmaüs. Un jour, ma fameuse secrétaire, mademoiselle Coutaz, arrive avec un visage défait. Je lui demande si elle est malade, elle me répond que non avec un drôle d'air. J'apprends plus tard que celui à qui j'avais donné tous les pouvoirs profitait de ma maladie pour m'écarter. C'était un honnête homme, pourtant, un gros patron à qui j'avais signé une procuration... Il voulait me remplacer et pensait que j'étais incurable. Il a convoqué mademoiselle Coutaz dans son bureau pour lui dire : « Bien évidemment, mademoiselle, vous comprendrez que dans les circonstances actuelles votre place n'est plus ici ! » Et elle, la cofondatrice, s'est retrouvée sur le trottoir avec une petite valise, sans domicile, sans le sou.

Demain, une autre barbarie succédera à la barbarie actuelle

En Indonésie, ce pays où l'on s'étonne, à moins que l'on s'en indigne, des troubles qui le déchirent, les humains ne disposent que d'un médecin pour 71 000 habitants, au Nigeria, un médecin pour 58 000, dans le même temps, chez nous Occidentaux, la moyenne est d'un médecin pour 700 habitants... Différence de 1 à 100... prenons garde ! Même si ni cœur ni conscience ne nous tourmentent devant cet état de choses, il pourrait bien arriver, avant que les petits enfants de nos terres privilégiées soient devenus adultes, que ces millions de « centièmes d'humains », qui, avant la fin du siècle seront devenus la moitié des habitants de la terre, fassent trébucher la balance de l'univers dans un sens qui ne sera ni celui du bonheur de nos compatriotes, ni celui, vraisemblablement, des progrès de la civilisation humaine universelle. Il y a une grande chance alors qu'une barbarie, différente seulement, succède à la barbarie de fait actuelle.

En deux ans, 1959-1960,
l'abbé Pierre visite trente-cinq pays.

Gandhi m'explique sa conception de la non-violence...

Gandhi n'aimait ni le mot « non-violence », ni le mot « révolution ». L'un et l'autre de ces deux mots lui semblaient particulièrement exposés au risque de voiler des duperies.

Il aurait voulu que, dans les langues européennes, l'on traduisît le mot indien «Satyâgraha» par «attachement à l'authentique». Et le mot «âhinsa» lui semblait intraduisible littéralement, car il évoque une tradition sentie par les Indiens bien plus qu'une doctrine : c'est la décision de présenter sa propre vie aux coups de l'adversaire pour le contraindre, comme dans une stupeur, à s'étonner de ce qu'il fait, à repenser sa propre manière de vivre, à découvrir son crime. Gandhi savait bien qu'il n'y a pas de révolution réellement capable de servir de façon durable, efficace, l'accomplissement de tout l'humain, en tous, s'il n'y a pas «conversion» des révolutionnaires eux-mêmes, chaque jour, avant l'action et dans l'action, s'il n'y a pas dans la vie privée la plus intime comme dans la vie publique d'attachement intégral à l'authentique. Et il savait qu'alors seulement, converti, on peut devenir pleinement agissant. On est loin de l'inexistence, de l'absence, ou de l'inertie, que si trompeusement semble évoquer l'expression négative «non-violence». On est devenu le véritable fort, le vrai contraignant, mais non pas par contrainte matérielle extérieure, pouvant laisser la volonté intérieure de l'autre en refus, mais par contagion, saisissant au-dedans et entraînant les autres de leur plein consentement.

... et le vieux moine Vinoba me définit la bonté

Au village de Satlosana, en Inde, le vieux moine Vinoba parlant à 1 500 paysans rassemblés, auxquels il venait de lancer son appel au don libre et volontaire de la terre et de la mise en coopérative des cultures, pour que cessent de souffrir ceux qui n'ont pas le nécessaire, répétait : «Bonté ! Soyez bons. Soyez les combattants de cette armée pour le règne de l'Amour. Mais qu'est-ce que c'est "être bon" ?

Ce que c'est ? Oh ! Regardez une mère. Son enfant souffre-t-il ? Alors, elle n'a plus de repos ; le jour, la nuit, elle va, elle lutte, elle veut avoir tout fait, jusqu'à mourir elle-même s'il le faut, heureuse même de mourir pour qu'il n'ait plus mal. Une véritable maman, voilà la bonté. Alors, pour être bons, luttons pour parvenir à être chacun comme si nous étions la mère de tous les humains qui vivent dans ce village, dans le village entier de la terre entière. »

Je découvre le Liban, ses massacres...

Quel contraste avec l'Inde... Je sortais de la vision de 400 millions d'habitants placés à l'un des carrefours les plus énormes du monde et voilà que je suis tombé dans un coin minuscule, une espèce de Monaco d'un million et demi d'habitants où se joignent et s'affrontent l'Europe, l'Afrique et l'Asie... avec une population mi-chrétienne mi-musulmane, avec des couches beaucoup plus évoluées bien qu'il s'y trouve encore de fortes fractions très primitives et brutales – j'en ai vu des exemples terribles, j'y ai assisté à des massacres... Arrêtez ces massacres... Le frère ne tue pas son frère, ni le chrétien le musulman, ni le musulman le chrétien... Sinon le Liban disparaîtra comme d'une chiquenaude.

... et la misère de l'Amérique latine

Nous n'avons d'yeux que pour l'affrontement des deux grands, le choc des deux blocs, la dénonciation au nom de la Liberté de la tyrannie politique. Mais qu'est-ce que la liberté sans les moyens de vivre ? ... Non, la tyrannie de la misère, de la faim, de l'ignorance, du manque de soins et de travail n'est pas moins meurtrière que la tyrannie politique... L'ancien fatalisme qu'ils avaient hérité de leurs ancêtres recule. Aujourd'hui, ces peuples sont prêts à juger. Prêts à bouleverser ce que nous appelons bêtement l'équilibre du monde. Ils ont faim. Ils commencent, ils iront très vite... Ouvrons les yeux, c'est une évidence que cela ne peut durer plus longtemps.

Je rencontre dom Hélder Camara

Cette rencontre inexprimablement bonne restera gravée en moi comme une grande chose dans ma vie, tant cette personne est merveilleuse...

Haï par une partie du riche clergé brésilien qui le dénonce comme l'« évêque rouge », Hélder Camara est l'espoir des pauvres, de tous ceux qui n'ont pas renoncé à croire en l'Évangile malgré les fastes de l'Église et sa complicité avec les riches propriétaires qui les oppressent.

Tout juste nommé évêque de Recife, Hélder Camara décide de quitter les lambris de son palais épiscopal pour vivre dans une modeste maison au cœur des bidonvilles de sa ville. Ce geste si évangélique suscita des réactions très violentes à son égard. Pendant des décennies, dom Hélder a été sans cesse menacé de mort...

Un jour, en ouvrant le volet de sa petite chambre, il découvre l'un de ses jeunes prêtres pendu, torturé, les yeux arrachés, une pancarte autour du cou : « En attendant ton tour. » Ce qu'on reproche surtout à dom Hélder, c'est la dimension politique de son combat. Car il est bien évident que s'il a consacré sa vie à prêcher l'Évangile et à aider les pauvres à vivre dans des conditions plus décentes, son action a eu des répercussions politiques. Mais n'oublions pas que la foi chrétienne implique un engagement dans la cité et que c'est en prônant un juste partage entre les hommes que l'on combat l'injustice.

Je crois que l'homme est à l'image de Dieu mais en creux

L'homme est à l'image et à la ressemblance de Dieu, disent les Écritures. Oui, mais en creux ! Exactement comme une cire dans laquelle un sceau a été placé. Le sceau est loin, il a disparu. Mais ce qui est inscrit en creux, dans le plus petit détail, c'est la façon de rencontrer Dieu. C'est notre creux, notre manque, notre soif d'Amour, de beauté, de fraternité, de justice.

> *Les blousons noirs apparaissent*
> *dans les cités des pays riches,*
> *la violence s'installe.*

À Stockholm, face à une jeunesse qui meurt d'ennui

Au fond, pour comprendre la vraie nature de votre maladie, rien ne vaut que se souvenir de la parole de notre poète Péguy : « Est-ce qu'il n'arrive pas souvent que la détresse des fils de bâtisseurs de cathédrales soit de n'avoir plus d'autre destin que d'en être les sacristains ? » Tout est si bien organisé chez vous que la jeunesse naît avec cette impression de n'avoir plus rien à faire, de n'avoir qu'à entretenir l'admirable réalisation, l'admirable cathédrale sociale édifiée par papa-maman. Il est fatal alors qu'un jour ou l'autre, les jeunes ramassent des cailloux pour les jeter dans les vitraux, pour faire quelque chose, pour que ça change.

La France aussi manque d'ambition pour ses jeunes

Une société qui ne prépare pas sa jeunesse à quelque grand sacrifice pour la poursuite d'une valable création... qu'elle ne s'étonne pas si ceux parmi ses fils qui n'ont pas la force de retrouver seuls les vrais chemins, finissent par jeter les pierres... et bafouer les gloires vieillies.

Les enfants sont les principales victimes de la guerre d'Algérie

Oui, partout autour des lieux où passe le meurtre, il ne reste de pires victimes que les tués et parmi les survivants, il en est qui, plus qu'aucun autre, se dressent, terribles dans leur faiblesse, accablants dans leur absolue innocence, ceux qui à eux seuls gardent à l'univers une raison d'être, ceux qui à eux seuls font de l'univers le jardin du trésor : les enfants.

Ils n'ont rien fait, eux. Et tout les a frappés.

Quelles que soient les fausses ou les vraies raisons de guerre des ennemis qui se heurtent, face à eux les petits, le fait est éclatant, tous (donc vous, moi, tous) nous sommes devant eux face à une vraie sommation, face à une vraie mise en demeure ; il nous faut réparer les folies communes des adultes, réparer, ou ne plus pouvoir nous regarder sans mépris, lâches entre les lâches.

Sommation ? Mise en demeure ?

Mais non ! Il s'agit de bien plus contraignant que cela. Regardons les yeux des petits quand ils ont mal par la faute des grands, regardons les petits qui ne savent que dire « papa » et « maman » cela à tout jamais est fini pour eux, cela ne suffit-il pas ? Cela ne suffira-t-il pas à nous faire autres ?

Manifestations d'agriculteurs en France,
et drame de la faim dans les pays pauvres,
le malaise paysan s'installe
au début des années 60.

Les hommes de la terre chez nous...

La condition faite en chaque société à la paysannerie est, en tout temps, un signe qui ne saurait tromper au niveau à la fois du bon sens et du courage d'un peuple, et particulièrement de ses gouvernants comme de sa jeunesse et de ses maîtres en pensée. Cela est vrai autant dans les pays équipés et prospères que dans ceux qui abordent seulement aujourd'hui les problèmes de leur développement technique.

La terre est la première pédagogue de l'homme. Mais que ses façons sont rudes !...

Et parce que c'est elle seule qui tient les promesses les plus nécessaires à l'homme, celles du lait de chaque matin et du pain de chaque jour, il faut bien que les sociétés humaines ne soient pas indéfiniment rebelles à son enseignement...

Il est normal que le travail de la terre par lequel tout commence pour l'homme ne garde pas tous ses fils. La paysannerie est la plus inlassable pourvoyeuse en humains aptes pour toutes les tâches de la société.

Mais que la société est ingrate en retour, par ceux-là mêmes bientôt qui ont dû, à l'école de la terre, la force du caractère et l'équilibre des nerfs par lesquels ils ont pu monter aux responsabilités.

... et dans le Tiers-Monde

Lorsque voici quinze ans, lord Boyd-Orr, fondant la FAO aux Nations Unies, proposait ce que Robert Buron, voici peu nommait un « néo-joséphisme » de guerre aux gâchis – avec pour réplique les famines chez les plus démunis – qui caractérise l'économie agraire des pays riches, par une sérieuse organisation internationale des stockages de surplus, afin d'aboutir, non seulement à une stabilisation solide des cours de la production, ce hors de quoi rien de l'économie mondiale ne peut se tenir d'aplomb, il était le seul bâtisseur de paix, non rêveur, mais réaliste.

La conjuration des ineptes étroitesses de calcul de quelques-uns des gouvernants présents, fit rejeter ce plan élémentaire.

Le jour de ce refus, le « malaise paysan » perpétuel... était inscrit dans la proche histoire.

Il faudra bien rouvrir cette question très vite, ou s'attendre au pire. Jusqu'à ce que cela soit fait, tous les actes de politique agricole en chaque nation ne sont que fragiles trompe-l'œil. Une chiquenaude à tout moment peut suffire à faire éclater l'inanité.

Oui, la terre est l'école première de toutes les sagesses. Elle est parole de Dieu, parce qu'aux uns comme aux autres ce qu'au long des siècles, à travers tous les événements, elle ne cesse de répéter, c'est que l'homme ne survit et ne s'accomplit qu'en étant solidaire, dans sa grande tâche collective qui est le parachèvement de la création, solidarité nécessaire des trop riches entre eux pour ne pas être tués par leur abondance, de tous ensemble avec les trop pauvres pour les secourir et aussi solidarité nécessaire dans les pays en développement entre les enfants des villages et un assez grand nombre de fils et de filles des plus haut placés, pour la victoire contre les sous-productions.

> *Le père Protain, créateur d'Emmaüs au Pérou*
> *doit quitter le pays. Son discours en faveur*
> *des miséreux déplaît aux autorités.*
> *L'abbé Pierre réagit.*

Emmaüs est un reproche constant à ceux qui vivent trop bien. Ce reproche a divisé la classe possédante. Pour ceux qui ne veulent pas de la vérité, qui cependant crève les yeux, il n'y a qu'un moyen : faire taire Emmaüs. (juillet 1961)

Je choque le monde bien-pensant

Un jour, à la table d'un ministre démocrate chrétien, en Belgique, j'ai dit le bénédicité à notre manière d'Emmaüs : *Mon Dieu, aidez-nous à donner du pain à ceux qui ont faim et à donner faim à ceux qui ont du pain.* Je crois que si le lustre était tombé sur la table, ça n'aurait pas jeté plus grande consternation dans cette réunion bien-pensante. L'homme ne peut vivre que d'une flamme, une flamme qui naît dans le dévouement et l'amour. L'aventure à venir de ma pauvre vie sera d'allumer cette flamme.

Les inadaptés de la croissance, de nouveaux pauvres

Par un véritable paradoxe, l'un des faits les plus caractéristiques des sociétés que l'on appelle modernes est assurément l'accroissement de ceux que l'on pourrait appeler de « nouveaux pauvres ».

Pauvreté nouvelle par le fait que ce qu'elle comporte de plus fondamental n'est pas nécessairement le manque d'argent – bien que ce manque s'y trouve le plus souvent par contrecoup – mais bien plus essentiellement, et plus dramatiquement, pauvreté qui consiste dans une plus ou moins radicale impossibilité de ne pas « perdre le souffle » dans les rythmes absolument nouveaux – avec les disciplines de chacun qui doivent nécessairement les accompagner – auxquels va la vie humaine dans ces sociétés.

On parle volontiers, pour désigner ces pauvres nouveaux, d'« inadaptés ». Et ce mot, certes, est vrai.

Mais combien il est rare que, poussant plus loin l'observation et la réflexion, On ose sérieusement se demander si, en quelque sorte, l'inadaptation n'est pas réciproque ? C'est-à-dire si les divers bouleversements auxquels est entraînée la communauté sociale moderne ne sont pas, au moins passagèrement, en dépit des valeurs qu'ils peuvent porter en eux-mêmes, des réducteurs, plus que des promoteurs d'humanisme réel.

Il faut créer des cités humaines

Une certaine barbarie naît, pour les adultes, là où il n'y a point de tout-petits. Et une autre, pour les adolescents, là où il n'y a point d'anciens.

De sa naissance à sa mort, chaque humain doit baigner dans le flux de générations comme il est pétri au rythme des saisons. Et quelque chose d'essentiel et de profond souffre dans le quartier, ou dans la famille, coupés de l'une de leurs dimensions de communion.

Ils sont des sages, ceux qui entendent cette leçon. Ceux qui s'efforcent désormais, dans tout nouvel « ensemble » de réserver les premiers étages des immeubles à de petits logis pour vieux ménages. Ils ont compris que la cité humaine est un univers où tous sont nécessaires, et qu'une essentielle dimension de l'amour vient à périr là où l'une des faiblesses naturelles qui appellent au service se trouve artificiellement écartée.

Reconnaissons notre responsabilité

Tandis que là-bas, se trouvaient à peine un million d'Européens – dont fort peu puissants de richesse – devant huit, puis neuf millions d'Algériens ayant besoin de promotion, nous les « purs » de la métropole, au nombre de 45 millions et davantage, nous avons supporté au milieu de nous le délaissement inimaginable de la condition de moins de 400 000 travailleurs nord-africains, et leurs bidonvilles parmi les pires de l'univers. Et oserons-nous le nier ? Laissés solitaires, quand ce n'était pas sans cesse humiliés, parmi nous qui nous disions leurs compatriotes et qui nous disions de civilisation chrétienne !

L'assassinat de Kennedy et le rire des enfants de Chine

Est-ce vrai que des enfants ont applaudi à la nouvelle du meurtre de Kennedy ? Des enfants de Chine, nous a-t-on dit ! Mais qu'avaient précédé des enfants du Texas !... Ah ! Que cela fait mal, plus encore que le fait, si affreux pourtant déjà, du meurtre... Mais il n'y a pas eu ce jour-là, seulement l'assassinat d'un grand homme d'État et d'un homme de cœur... Il y a eu autour du sang répandu, ces rires horribles d'enfants. Et cela aussi est assassinat, assassinat d'âmes. Osons, devant l'effroyable dévastation d'âmes d'enfants qui se manifeste, nous poser, chacun en nous-mêmes, certaines de ces questions auxquelles, les jours ordinaires, l'on se dérobe, si vite lassés.

> *En Amérique latine, sous-continent alors instable,*
> *la violence est quotidienne.*

Que faisons-nous de nos privilèges ?

J'étais de passage dans un petit pays d'Amérique du Sud. Un journaliste de télévision m'a posé une question terrible : « Père m'a-t-il dit, quand vous venez chez nous et que vous rencontrez des guérilleros, les révoltés qui ont pris les armes, que leur dites-vous ? »

C'était terriblement grave, je savais que tout le monde écoutait : les riches, le gouvernement, la police... les pauvres aussi. Je suis resté muet un moment et puis j'ai dit : « Oui, il m'arrive de rencontrer des guérilleros, eux aussi sont des hommes, ils savent comment nous partageons leurs efforts, la lutte de leur famille pour s'arracher à la misère ; ils ont confiance ; s'ils veulent parler, je les écoute ; et, après les avoir écoutés, je n'ai rien à leur dire. »

De quel droit, moi qui ne suis plus un riche, mais qui ne suis pas malheureux, qui n'ai pas la honte d'être un père qui ne peut donner le nécessaire à ses enfants, qui n'ai pas l'humiliation d'être un père qui sait que sa grande fille va se prostituer dans les quartiers des riches pour rapporter à la famille ce que son père sans travail ou trop mal payé, ne peut rapporter. De quel droit, moi qui ne manque de rien, j'irais leur dire : « Encore patience, toujours patience. » Je n'ai rien à leur dire, seulement, après les avoir écoutés, je sais ce que je dois dire, ce que je dois crier à ceux qui les jugent, les poursuivent, les maudissent, les condamnent, ceux qui ont tout pris dans leur assiette, disant alors avec une bonne figure bien gentille : « Nous autres, nous sommes pour la paix. » Je sais que je dois crier à ceux-là : « Les véritables violents, les pires violents, c'est vous. Et chaque soir, quand vous allez dans vos belles maisons, avec vos bonnes consciences, embrasser vos petits enfants, vous avez en réalité dans vos mains plus de sang de victimes innocentes que n'en aura jamais un de ceux qui, dans leur désespoir, ont pris les armes. »

Ne soyons pas hypocrites ! Nous sommes tous privilégiés par rapport à quelque autre. Que faisons-nous de notre privilège ? Est-il, pour nous, pour nos proches, pour en avoir plus ? Ou se justifie-t-il en voulant être moyen de servir plus ?

Le naufrage
(1963)

Comment j'ai failli mourir

*Le 26 juillet 1963, l'abbé Pierre fait
naufrage en Amérique latine. On le croit mort.*

Visitant des Communautés d'Emmaüs en Amérique latine, j'ai vécu un drame qui m'a profondément marqué. C'était en 1963. Sur un bateau qui me conduisait en Argentine, le feu a pris. Comme beaucoup des occupants du bateau, j'ai dû me jeter à l'eau. On m'a récupéré et déposé au milieu des morts. Mais là, quelqu'un s'est aperçu que je vivais encore...

Sur le pont, avant que le bateau n'échoue

Une conversation, brève, mais qui pour moi restera toute ma vie un très grand souvenir, s'engagea avec cet autre prêtre qui était là, l'abbé Audinet. Nous étions l'un près de l'autre. À mesure que l'on prenait conscience qu'il s'agissait d'un événement grave et pas simplement d'une panne, je voyais croître l'angoisse des gens autour de nous, et un sentiment m'envahissait que j'exprimais alors à l'abbé Audinet en lui disant : « Quel mystère, dans l'ordre de la foi, cette immensité de souffrance qui atteint tant de multitudes de braves gens, de gens pas méchants, bien sûr pas sans quelque culpabilité comme nous tous humains, mais de braves gens ! Pourquoi ? Et surtout pourquoi tant de souffrances tombant sur des personnes, dans leur grande majorité, si peu préparées à pouvoir donner un sens à cette souffrance ? »

Le besoin instinctif d'être ensemble

Il faut se jeter à l'eau malgré le brouillard. Je sentais une chose très belle et je la voyais se manifester chez tous autour de moi, chez tous ceux que j'apercevais dans le brouillard : c'était le besoin si profondément humain, de ne pas être seul. Autour d'une planche, autour d'une caisse, autour de n'importe quel objet, deux, trois, cinq personnes se regroupaient. La planche, l'objet qui flottait, ne servait absolument à rien au point de vue soutien au-dessus de l'eau. Les gilets de liège soutenaient, suffisaient. Mais il y avait le besoin instinctif d'être ensemble. Et c'est très beau ! À cette heure de souffrance cette soif d'être unis a quelque chose d'extrêmement profond.

J'ai eu alors un moment d'angoisse, précisément à ce point de vue-là, parce que le courant emportant les objets et les hommes vers la mer – nous étions sur un fleuve et le courant entraînait vers l'Atlantique –, j'ai eu l'impression que je n'arriverais pas à rejoindre le groupe qui était autour de cette caisse et parmi lequel se trouvait l'abbé Audinet.

Mais ce n'était pas une grande angoisse...

J'ai la certitude de ne pas être seul

On m'a beaucoup demandé : « À quoi pense-t-on dans ces moments-là ? » Je peux dire vraiment, qu'après un bref instant, quand je demandais l'absolution, pensant aux péchés d'une vie et demandant pardon avec le plus de sincérité et de volonté que l'on est capable, après ce court moment pendant lequel on pense à ses fautes et on demande pardon, après qu'il n'y a absolument, mais absolument plus qu'une seule pensée qui n'a cessé de me tenir l'âme jusque, une heure et demie plus tard probablement, quand je me suis évanoui. L'unique pensée qui me remplissait l'âme, c'était : quand on a mis sa main dans la main des pauvres, on trouve la main de Dieu dans son autre main. Cette image exprime exactement ce que je ressentais : cette certitude de ne pas être seul, d'être comme l'enfant dans les bras de sa maman, l'enfant regardant vers son père – enfant qui ne comprend pas – et qui sait qu'il n'est pas seul, qu'une grande puissance pleine de bonté sait où vont toutes les choses.

Alors, il n'y a plus qu'une pensée : quelle tristesse, quel dommage que, pendant ma vie, je n'ai pas fait ceci ou cela pour communier plus avec la souffrance de mes frères, et agir pour les délivrer, puisque c'est exactement dans la mesure de cette union à mes frères que je rencontre l'union à Dieu.

C'est le grand trou

Je pense que, vraisemblablement, j'ai dû perdre connaissance une première fois, peut-être après une heure, puis revenir à moi, et puis un peu après je ne sais plus rien. Vers quatre heures, le choc. Vers cinq heures, nous quittions le navire, ayant fini de faire le peu qui était possible pour aider les autres. Je pense que c'est vers six heures et demie plus ou moins que j'ai dû perdre connaissance. Après il y a eu un grand trou. C'est donc vers onze heures que je reprenais connaissance...

La perte d'un proche, le moment le plus terrible

Mais alors commença le moment le plus terrible. Tandis que de temps à autre, je pleurais tout doucement, dans cette détente des nerfs qui fait tant de bien dans des moments comme ceux-là, voilà qu'un homme d'abord, le visage crispé, ravagé, qui ne manifestait rien et qui marchait à demi-nu de long en large au milieu du poste des équipages, soudain, reconnut mon visage. Et je reconnus l'un de ceux avec lesquels, la veille au soir, l'on avait parlé et qui m'avait fait bénir ses petits enfants. M'apercevant, cet homme bondit véritablement vers moi. Il s'écroula à genoux à côté de moi, la tête sur ma poitrine, sanglotant. Il m'expliqua, avec quelques mots de français mêlés à son espagnol, qu'on venait de retirer de l'eau son grand fils de neuf ans, mort. Je ne savais pas parler espagnol, je ne pouvais donc rien lui dire, et cependant, nous nous disions beaucoup de choses dans les bras l'un de l'autre. Et longtemps, il resta là, pleurant comme un gosse.

Pendant les heures qui ont suivi, cela s'est renouvelé je ne sais combien de fois : des hommes, des femmes qui, m'apercevant, venaient sangloter. C'étaient ceux qui venaient d'apprendre que l'un ou l'autre des membres de leur famille était repêché, mais était dans le fond du bateau, cette cale des morts où j'avais été pendant un moment, moi aussi déposé. Ils savaient que là-bas, dans ce local où on ne leur permettait pas d'aller, il y avait le corps de l'un des leurs. C'est vraiment le moment qui a été le plus terrible.

Mais combien d'autres catastrophes

Là, tout de suite, on me harcelait bien sûr de questions. Pressé par les questions des journalistes, je ne pouvais dire qu'une chose : « Occupez-vous d'abord de ceux et de celles qui pleurent ceux qu'ils aimaient et qui sont morts. » Puis – car aussitôt, les pieds sur la terre, je ne pensais vraiment plus qu'à ça – je répétais sans cesse : « Vous êtes merveilleux de gentillesse, venant nous secourir, nous qui avons été frappés par un très grand malheur qui vous émeut parce que c'est un malheur qui a éclaté, brutal. Mais vous, les journalistes, criez-le : dans la ville de La Plata, dans la ville de Buenos Aires, comme dans toutes les grandes villes du monde, aussi bien celles de France que celles d'Amérique du Sud, il y a, non pas une fois par an une catastrophe accidentelle, mais tous les jours de la vie, tous les jours, toutes les nuits, combien de dizaines et de centaines de milliers de papas et de mamans qui sont en un désastre équivalent au nôtre et pour lesquels personne ne s'émeut et ne se mobilise, comme vous le faites pour nous qui avons été frappés une fois, une journée, par le grand malheur d'aujourd'hui.

Pensez à ce que vous appelez ici les "villa miseria", les villes de misère, ces multitudes, dans la bruine, alors qu'il pleut, n'ont pas le moyen d'abriter le berceau du bébé, ont des matelas qui pourrissent dans l'humidité, parce qu'ils n'ont pas de maison, n'ont pas de travail, n'ont rien. Et pour eux, ce n'est pas une catastrophe d'un jour ou d'une nuit. C'est la vie tout entière, depuis qu'ils sont nés, et sans espérance que cela change avant qu'ils soient morts. Cette vie, pour eux est un naufrage qui fait d'eux des noyés de tous les jours. »

Cet événement m'a interpellé dans la foi

Je me fais un peu l'effet de Lazare sortant du tombeau. Je n'ai pas su que j'étais comme mort, bien sûr, au moment où cela était. Je n'ai pas su que les apparences étaient si fortes que tout le monde pensait qu'effectivement j'étais mort. Je n'ai su cela que bien après. Mais alors, avec le recul, chaque jour un peu plus, je mesure un événement qui, sur le moment, encore une fois, fut extrêmement simple dans sa dimension tragique.

Je comprends davantage que tout est au Seigneur...

C'est pendant les moments terribles, comme celui de ce naufrage où tant ont péri, que l'on voit avec évidence, de manière poignante, la nécessité et la grandeur du sacerdoce, la fonction de celui qui est là pour ça : assumer toute cette souffrance et faire qu'elle prenne un sens par l'offrande. Il y a une mystique sacerdotale, d'ordre fondamental, naturel, nécessaire.

À Philippe Labro, alors envoyé spécial de *France Soir*, je dis : « Pour moi, la mort est une rencontre longtemps retardée avec un ami. »

Mon engagement depuis quarante ans
(1963-2002)

À Rome, le 3 juin 1963, le pape Jean XXIII décède.

Le bon pape Jean

Lorsque Jean XXIII fut élu, succédant à Pie XII dont la piété, la science et les dons étaient exceptionnels de façon éclatante, plus d'un se surprit à songer : « Mais à quoi pensez-vous, mon Dieu ? C'est d'hommes autrement prestigieux que ce temps, difficile à l'extrême, a besoin ! »

Mauriac, quant à lui, dit : « Quand j'ai appris qu'il était le pape, je ne sus penser que ceci, me souvenant de nos rencontres à Paris : c'est un homme bien gentil ! » Et aussitôt Mauriac d'ajouter : « Qui aurait pu prédire l'immensité des décisions et des initiatives et des impulsions qui, par cet homme, en qui rien ne brillait, allaient en si peu de temps nous être données ? »

Et combien nous nous trompions... Jean XXIII, le bon et l'humble, le bon pour les humbles, et l'humble devant tous, jusque quand il dut témoigner de la vérité ou de la vertu méconnues ou dédaignées, est apparu, au-delà de ce qu'aurait permis d'espérer le génie le plus magnifique, le pape qu'il fallait. Nous étions émerveillés. Et remplis d'espérance.

Pour moi, la plus irremplaçable clarté qui me restera jusqu'au bout de ma route, de tout l'inattendu que fut Jean XXIII provient assurément de cette apparence de déraison, ou plutôt de cette évidence d'un ordre autre que celui de la seule raison, qui éclate en ce qui la fait de grand et qui éclate autant, ou plus encore, dans le fait qu'il nous manque au moment même où nous avions compris à quel point c'est d'hommes comme lui que nous avons besoin !

Si ce « naïf » et « gentil » pape est devenu, pour les siècles des siècles, « le grand et bon pape Jean », les talents n'y furent pour rien, ou pour bien peu, mais tout est venu du dépouillement de soi signifiant tout, et de la compassion à tout homme, et de la disponibilité à une Volonté qui n'est ni celle d'un humain, ni d'une assemblée humaine, mais qui est toute transparence à l'action de l'Éternel qui est amour. Il a fait voir que ce dont Dieu a voulu avoir besoin de la part des hommes, c'est par-dessus tout de telles disponibilités à Sa Bonté, pour que tout devienne faisable.

Pour moi, je me souviens de sa spontanéité dans la bonté. Bon et humble, il avait la paix en lui. C'est pourquoi, il put tant la donner.

Si une unanimité aussi inouïe a soudain éclaté autour de l'agonie de Jean XXIII, n'est-ce pas d'abord parce que tous les hommes le sentaient vraiment l'un des leurs, non séparé d'eux, en dépit de sa position souveraine ?

Un jour un ami musulman, à la suite d'une audience me dit :

– Qu'il est grand, ce chef, capable à ce point, à travers tout ce décorum, d'aller et d'agir comme si tout cela n'existait pas !

Depuis octobre 1962, ont lieu les sessions du
XXIᵉ concile œcuménique, Vatican II. L'Église se réforme.

Une Église parfois aux antipodes des Évangiles

C'est au IVᵉ siècle, avec la conversion de l'empereur Constantin que commence la période désastreuse pour l'Église. Aux martyres vont succéder les privilèges.

Devenant religion officielle de l'Empire romain, le christianisme perdra vite une grande partie de sa force vivifiante, pour devenir une religion institutionnalisée avec ses codes, ses magistères, ses mitres et ses interdits... qui vont contribuer à l'étouffer.

Cette confusion du spirituel et du temporel permet de mieux comprendre comment cette religion de l'amour s'est transformée parfois en doctrine de haine et de violence, aux antipodes des Évangiles. Notons toutefois qu'il se trouva, tout au long des siècles, d'authentiques croyants pour dénoncer ces égarements.

Mais ces compromissions et ces ambiguïtés demeurent encore très lourdes dans l'Église aujourd'hui.

L'Église a souvent privilégié les moyens plus que le but

Quand Jésus parle du Jugement dernier, il dit : « J'avais faim, j'avais froid, j'étais nu, j'étais emprisonné. » Il ne dit pas un mot sur les sacrements, pas un mot sur les vertus, mais il dit : « Tu as partagé ou tu n'as pas partagé ? C'est sur cela que tu es jugé. » Ça ne veut pas dire que les sacrements et les vertus sont inutiles ; mais ce ne sont que des moyens pour apprendre à aimer, le but étant : tu aimeras. Mais on s'est davantage soucié de voir respectés les moyens que le but !

La foi ne se confond plus avec la coutume

Les rites fondamentaux – la consécration, l'élévation – sont très simples. Par eux-mêmes, ils sont parlants. Ainsi, avec l'Eucharistie, le sacrifice est offert à partir de ce qui est le plus élémentaire : le vin, le pain. Jésus a consacré ce qui était là, sur la table. Aujourd'hui, il faut inventer. Fini le temps où la foi, c'était ce qui se faisait : il y avait une pratique religieuse, comme il y avait une manière de s'habiller, de se tenir en société. Pour beaucoup, la foi se confondait avec la coutume. Aujourd'hui, les questions : Qui sommes-nous ? D'où venons-nous ? Où allons-nous ? n'ont plus de réponses toutes faites. La pratique d'habitude est morte. D'autant plus passionnée et personnelle est pour chacun la recherche.

Tout porte à croire qu'une véritable religion va renaître pour l'homme, non pas intégriste mais intégrée.

Je découvre les rares certitudes essentielles

Au long d'une vie, plus on avance, les yeux ouverts, refusant de se dérober aux énigmes de l'enchevêtrement de merveilles et d'horreurs qu'est l'univers de l'homme, plus on prend conscience que très peu de certitudes existent et que très peu de choses sont réellement importantes. Mais ces rares certitudes et importances, on découvre chaque jour davantage qu'elles sont tout. Et l'on voit que, de leur respect ou de leur mépris dépend pour chacun autant que pour la communauté humaine entière, que vivre ne soit qu'absurdité ou, au contraire, soit une montée jusqu'à une plénitude de lumière et de joie sans fin.

C'est une certitude que nous ne pouvons jamais être réellement heureux que dans le bonheur des autres ! Et que la joie intérieure de chaque communauté d'humains n'existe, ne grandit et ne dure que dans l'effort accompli ensemble pour « porter les fardeaux les uns des autres », soucieux tous du bonheur de tous, c'est-à-dire tenant sans cesse nos regards portés d'abord vers le service premier des plus faibles ou souffrants.

C'est une certitude aussi que quiconque (donc chacun de nous autant que n'importe quel autre), à mesure que par l'étape, l'effort, ou quelque chance, atteint à plus de sécurité, de culture, de compétence ou de force, se trouve entraîné à s'éloigner, et bientôt à ne plus connaître que de façon quasi abstraite ceux qui sont hors de tels avantages et qui, multitudes innombrables, ont pour condition de leur existence entière une véritable agonie, allant souvent jusqu'à l'horreur indescriptible.

Rares sont les « parvenus » qui ne sont pas des fuyards.

Il faut parler la langue de l'humanité

Un jour où on m'avait demandé de venir à New York, aux Nations Unies, devant une assemblée de diplomates... je leur avais dit : « Ce qui est important, ce n'est pas d'être capable de comprendre les langues des uns et des autres... Ça aboutit, le plus souvent, simplement à ce que vous sachiez instantanément les accusations ou les insultes que vous vous lancez les uns aux autres, les peurs que vous essayez de vous imposer les uns aux autres. » Je leur disais : « Ce qui importe, ce n'est pas de parler les langues des uns, des autres, mais de parler la langue universelle de l'humanité ; elle repose tout entière sur un mot, une valeur, probablement l'unique valeur véritablement universelle... C'est la certitude de toute maman à l'instant où elle a dans ses mains l'infinie faiblesse du tout-petit qui vient de naître. Cette certitude de cette maman, quels que soient la couleur de sa peau, sa race, son milieu ou sa culture, c'est que dès l'instant où elle a cette faiblesse dans ses mains, elle n'a plus qu'un bonheur, elle n'a qu'un honneur, c'est de mettre toute sa force au service de cette faiblesse, pour que celle-ci puisse devenir tout ce qu'elle est capable de devenir. »

La souffrance des travailleurs étrangers nous interpelle

Le racisme nous habite tous. Mais quand l'autre, l'étranger, est pauvre, la relation avec lui est encore plus difficile.

Il y a trop de souffrances, sourdes, mais tragiques, sur ces visages si las. Que de fois n'entend-on pas : « Que font-ils là ? Qu'ils retournent chez eux ! »

Ce qu'ils font là ? Ils nous permettent tout simplement de disposer de ce qui nous enorgueillit.

Ce qu'ils font là, c'est lutter, avec souvent des privations incroyables pour nos cœurs d'enfants gâtés, pour que, au loin, une épouse, des gosses, de vieux parents, tout simplement puissent manger, se vêtir et vivre.

Ils ne sont nullement des saints plus parfaits que le reste des hommes mais ils donnent au moins cet exemple-là, l'immense majeure partie d'entre eux, l'exemple du farouche accomplissement du premier des devoirs : mettre ses forces au service de tout le groupe des plus faibles, qui est leur parenté.

Le 27 mai 1965, l'abbé Pierre fait un discours sur l'ONU et le monde d'aujourd'hui pour l'association Pour le développement du droit mondial.

Le mythe du « grand machin » qu'est l'ONU

Au fond quand on regarde la réalité de l'Organisation des Nations Unies – qui a la valeur d'exister, mais qui est malade – ce que l'on voit d'abord, en regardant tout simplement, c'est que lorsque cette grande institution est née, parce que nous venions de pâtir horriblement d'atroces «méchants grands», on a créé l'organisation sur un mythe, le mythe de quelques «bons grands» se réunissant pour protéger de pareilles atrocités l'avenir de l'humanité.

Puis les années ont passé, et il y a eu un deuxième mythe qui s'est glissé. On a vu, goutte à goutte, un par un, en fêtant leur arrivée, venir dans cette organisation ceux que l'on était accoutumé à considérer pour ainsi dire comme des «petits quasi inoffensifs», chacune de ces nations sans industrie, sans grande armée, sans grandes finances, chacune de ces nations dites du tiers-monde accédant à l'indépendance.

Enfin, il y a une troisième réalité mythique... c'est cette sotte illusion, à laquelle on s'est trop bien habitué, de faire comme si un quart de l'humanité pouvait être considéré comme inexistant.

Et voilà que, avec un peu de temps, on s'aperçoit que chacun de ces mythes s'écroule.

Les «bons grands», on s'aperçoit qu'ils ne sont, à vrai dire, ni si bons, ni si grands.

Voici que ces «petits quasi inoffensifs» soudain font basculer tous les équilibres. Les philosophes diront probablement de ce temps de l'histoire qu'il est devenu «le temps de l'impuissance des puissants» et d'une espèce d'incroyable puissance des faibles.

Enfin ceux que l'on croyait ignorer, on s'aperçoit que leur absence est terriblement présente.

Devant cet écroulement d'illusions, l'évidence est éclatante de ce que l'on est condamné à la coopération, à la négociation, à ne plus refuser de regarder et la vérité et la totalité de ce globe humain rapetissé.

Le 26 mars 1967, l'encyclique de Paul VI,
Pour le développement des peuples (Populum Progressio), souligne
l'importance de la question sociale pour le développement des peuples.

Paul VI s'engage pour le développement des peuples

Le courage est grand, pour un pape encore entouré, en sa propre demeure, des restes dispendieux de coutumes nées aux époques les moins fidèles à l'Évangile, d'évoquer le «devoir d'une prise de conscience renouvelée des exigences évangéliques », de rappeler que « nul n'est fondé à réserver à son usage exclusif ce qui dépasse son besoin », de vouloir que cesse « le scandale intolérable de tout gaspillage public ou privé, toute dépense d'ostentation », de vouloir que les jeunes venant de pays d'extrême pauvreté soient défendus de la comparaison malsaine qu'ils feraient avec « le luxe et le gaspillage » de réclamer des hommes d'État qui mobilisent leurs communautés pour « faire accepter les nécessaires prélèvements sur leur luxe ».

Mai 1968

J'étais alors très malade, mais je suivais à la radio ce qui se passait heure par heure. Et puis avec à l'époque cent trente-deux neveux et nièces, tout revenait jusqu'à moi. J'ai passé une nuit entière à écrire une lettre à de Gaulle pour lui dire : « Allez-vous-en ! Vous ne comprenez donc pas. » Et puis, je n'ai rien fait.

> *Le 29 juillet 1968, l'encyclique Humanae Vitae*
> *réaffirme son hostilité aux méthodes*
> *de contraception modernes.*

La contraception

J'ai entendu parler pour la première fois de pilule. C'était à Rome vers 1950, tandis que j'étais député de Nancy. J'étais allé voir le cardinal Tisserand. Un jour, il me dit : « Puisque vous avez le temps, je vous emmène dans les cités que je fais construire dans la partie de la banlieue de Rome qui appartient à mon diocèse, pour les familles nombreuses. » Autour de Rome, vivaient alors des familles de quinze enfants, pour lesquelles se loger, était impossible. Il avait donc entrepris des constructions. En conduisant sa voiture, il me dit : « Avez-vous entendu parler des expériences faites par les Américains à Porto Rico ? Ayant vu que les indigènes utilisaient une plante qui avait un effet d'anticonception, ils ont fait des expériences qui prouvent que c'est efficace à 90 % et peut parfaitement être fabriqué en laboratoire. N'est-ce pas merveilleux qu'à l'époque où précisément l'humanité se trouve placée devant le problème de la saturation des êtres humains la Providence fasse que l'homme découvre un produit dans la nature, et non pas d'une manière mécanique ou artificielle ? Voilà quelque chose qui peut sauver bien des troubles de ménage ! » Il me tape sur le genou et me dit : « Et qu'est-ce que nos moralistes vont encore inventer pour nous dire que c'est mal ? »

Ce qu'est la vraie charité

Hier, j'ai traversé Bois l'Abbé... Voici quinze ans passés, avec les premiers des compagnons chiffonniers d'Emmaüs, nous y avons vécu. C'était la boue d'un immense dépotoir. À Bois l'Abbé il n'y a plus de chiffonniers crochetant les gadoues. Les blés ont disparu depuis toujours. Le spectacle de l'immense chantier déjà très avancé, déjà en partie habité, est exaltant. Mais en le traversant, je ne pouvais m'empêcher de me demander : quelle âme habitera la ville ?

Au retour de la cité naissante, le journal de Bernard Moitessier, le navigateur qui ne veut plus revenir, m'est tombé sous les yeux. Personne sans doute ne l'aura lu sans, à la fois, l'envier et pourtant s'interroger. Il a raison, bien sûr, dans ce qu'il dénonce de l'« insignifiance » où va une si large part de civilisation. Mais, à moins que ce soit en lui (comme certes cela peut exister), le mystère réel d'un appel à une « contemplation » active, agissante et offrante, contribuant autrement mais vraiment, à relier les hommes entre eux et à les déplacer dans le vent de leur vocation, combien tristement sa fuite serait vaine, si elle était fuite et non retraite temporaire, pour se préparer à pouvoir, après, être capable d'aimer à mieux se faire vivantes les cités qui naissent. Les demains des « parvenus », de partout, sont toujours décadences, à moins qu'ils ne sachent trouver et le « détachement » jusque dans le confort et les vrais réalismes à la fois de « contemplation » et de « don de soi ».

*En 1969, le Manifeste universel
du mouvement Emmaüs est adopté.*

Et toujours Emmaüs

Ce mouvement, vingt ans après son début en France, se trouve répandu à travers tous les continents. Cela s'est fait non pas par une initiative venant de Paris, mais par des initiatives spontanées prises par des personnes se trouvant au milieu de populations de douleur, cherchant des moyens d'action et qui, prenant connaissance de ce qu'était le mouvement Emmaüs, disaient : « C'est cela qu'il nous faut. »

*En mai 1969, a lieu la première assemblée
générale d'Emmaüs International à Berne.*

À la clôture de ce rassemblement qui a adopté le manifeste universel d'Emmaüs, les journaux suisses avaient titré en gros : « Voilà que pour trois jours le plus haut sanctuaire politique des banques est devenu le Parlement des pauvres du monde. »

*En 1970, le Mouvement de
libération de la femme manifeste.*

La libération de la femme

J'espère que les femmes ne vont pas jouer à l'homme, oubliant ce qui fait leur spécificité, caractérisée par des dons naturels que l'homme n'a pas. Elles y perdraient le meilleur d'elles-mêmes. Et l'homme aussi. Parmi ces dons, il y a la maternité. Neuf mois durant, la femme sent la vie peser en elle. Elle connaît alors une expérience vitale que l'homme ne vivra jamais. Par les cycles qui rythment la vie de son corps, la femme est liée à l'universel, à l'universel vivant ; elle vit en union mystérieuse avec la pulsation de l'univers. Je pense qu'il y a là une richesse de l'humanité, quelque chose comme du sacré.

*Au début des années 70,
on parle encore peu des problèmes écologiques,
mais l'abbé Pierre s'inquiète déjà de l'état de la planète.*

L'état de la planète

Longtemps, beaucoup des habitants des pays industrialisés ont vécu avec l'impression rassurante que la misère et la faim étaient des accidents de plus en plus rares, reculant devant lois sociales et bienfaisances privées.

Brutalement, deux faits forcent à voir : la multiplication des moyens d'information et la science nouvelle des dangers biologiques mondiaux.

Personne n'ignore plus que la famine peut envahir la terre par la faute des hommes, détruisant les forêts, souillant air et eaux. Une organisation scientifique internationale est née pour l'étude de ces dangers, pour alerter l'opinion, pour imposer les protections.

Lutter ici, c'est sûrement encore servir premiers les plus petits. Car les forts gardent longtemps des moyens d'ignorer les ravages du monde ou de s'en enrichir. Mais n'est-ce pas son dernier bien qu'on vole au faible quand on gâche la terre ?

*Le 9 novembre 1970,
Charles de Gaulle meurt.*

Mon dernier entretien avec de Gaulle

Je lui dis : « En définitive, nous autres, mon Général, nous n'avons que de petits défauts parce que nous avons de petites qualités. Mais vous, mon Général, Dieu, que vous avez de grandes qualités ! »

Les grands hommes, ça n'existe pas

Tant de personnes éminentes rencontrées, cela m'a conduit à la conviction que les grands hommes, ça n'existe pas. Il y a des gens de bonne volonté, de courage, de talent. Il y a aussi des gens méprisables parce que trichant avec leur talent. Il y a des personnes naïves qui ont magnifiquement conduit des affaires d'État horriblement compliquées, et des habiles qui ont tout perdu. Aucun n'est sans faille. Toute identification à un homme, des idéaux, des valeurs, pour lesquels on veut vivre est une folle imprudence qui, tôt ou tard, laissera meurtri. Idolâtrer qui que ce soit, c'est à lui aussi, au bout du compte, faire un grand mal.

En 1970, Jacques Monod, prix Nobel de médecine publie Le Hasard et la Nécessité. *L'abbé Pierre lui répond dans cette lettre.*

Je ne crois pas aux hasards de la matière

Que votre livre *Le Hasard et la Nécessité* est savant ! Qu'il nous éclaire sur le « comment » de tout ! Mais après ? Ou plutôt avant ? Je veux dire, sur l'être de ce tout, que votre livre est aveugle ! Pensiez-vous vraiment saisir l'Éternel à force de grossir la petitesse des atomes comme les astronautes enfantins riant de ne l'avoir pas vu dans la démesure de l'espace ? À vouloir écouter la musique avec les yeux ou respirer les couleurs, ou entendre les parfums, on peut sincèrement enseigner que n'existe ni musique, ni couleurs, ni parfums, mais on se trompe. Vous avez raison d'en témoigner. Le microscope ne saisit pas l'Éternel, ni rien ne le saisit. Mais celui qui dit non à l'injustice, celui qui va, par vrai amour, à rebours de tout profit pour que soit servi le premier le plus petit, dans la saveur inexprimable qui jaillit en lui, sait bien que l'Éternel insaisissable le saisit. Il sait bien que, dans ce commencement d'amour, il est aimé par l'aimable infini dont tout en lui était autant signes en creux qu'impatiente *Faims et soifs*. Là se fait la rencontre. Elle est d'un autre ordre que les hasards de la matière, alors même qu'elle accompagne les mouvements de la matière. Dans la réalité de cette Rencontre, permettez-moi de m'enhardir à vous dire ma très fraternelle affection. (janvier 1971)

Le progrès doit être humaniste

J'ai souvent eu des discussions profondes avec des instituteurs anticléricaux. En fait ils avaient mis toute leur foi dans le progrès de l'humanité. Ils me trouvaient pessimiste à cause de la théorie chrétienne du péché originel qui considère que l'humanité est comme blessée, cabossée. Eux, au contraire, croyaient en l'homme et s'attendaient à des lendemains radieux placés sous le signe du progrès technique et scientifique.

Je leur disais : «Je vous plains, parce qu'il est vrai qu'on constate dans l'humanité un progrès matériel, lié au développement des sciences et des techniques, je ne vois pas où est le progrès moral et le bonheur. Nous sommes en pleine guerre : elle n'est ni propre, ni belle, et je suis sûr que nous ne sommes pas au bout de nos désillusions sur l'homme en ce XXe siècle. » Je ne pensais malheureusement pas si bien dire quelques années avant la découverte des camps de la mort et l'explosion de la bombe atomique. Et je leur disais : « Quant à moi, dont la pensée part de la croyance que l'homme est capable d'horreurs, je m'émerveille de voir des gens comme vous qui se dévouent à leur métier, à leur idéal, qui sont de bons époux et de bons pères de famille. Je m'émerveille de la moindre action belle et désintéressée. Je vois fleurir avec éblouissement la plus petite fleur sur ce tas de fumier qu'est l'humanité. Partant d'une vue que vous appelez "pessimiste", je vais finir ma vie dans la jubilation en voyant que malgré le mal il y a du bien.

Et vous, partant *a priori* de la pensée optimiste que l'homme est bon, vous risquez d'arriver au bout un peu amers, un peu aigris en disant : "Si je fais le total des progrès, non pas scientifiques, mais en valeur d'humanité, ce n'est pas bien réjouissant !" »

Celui qui peut persévérer dans l'amour, un amour vrai, capable de veiller à la joie autant qu'au pain, celui qui peut persévérer dans cet amour ou se convertir pour y revenir, voilà bien la plus essentielle définition de l'Homme.

> *Dans les années 70, se développent les camps de jeunes,*
> *permettant la création de nouvelles communautés.*
> *L'abbé Pierre s'adresse régulièrement à ces jeunes.*

Aller vers l'autre est une rencontre avec Dieu

Emmaüs est né d'une réponse à la souffrance. Ne plus laisser seul, celui qui souffre. Pour cela, il est essentiel de se mettre ensemble et ainsi d'être plus forts. Là, naît la joie unique, celle que l'on découvre lorsqu'on donne tout pour guérir du désespoir les « de trop » de l'humanité. Cette joie, c'est la réalité la plus importante de notre vie, et qu'on expérimente même quand on n'en peut plus. En fait, c'est à ce moment-là la rencontre avec Dieu.

La politique ne doit pas négliger le bon sens populaire

Partout dans le monde, la « politique » ne peut construire de l'humain que si s'équilibrent, d'une part, les sciences des experts et techniciens avec, d'autre part, les toutes simples expressions (non en délires passionnés ou désespérés, ni en dédaigneux scepticismes, mais en forte exigence inlassablement rappelée) du bon sens des peuples, cette unique source de créations sociales saines.

Tout pouvoir est aveugle aussitôt qu'il est assez haut pour avoir de grands moyens. Il est alors trop loin de la connaissance réelle de la peine populaire.

De retour d'un voyage au Bangladesh,
l'abbé Pierre adresse une lettre à tous
les maires de France, le 2 novembre 1972.

J'appelle à l'aide pour les enfants du Bangladesh

Mes amis, au secours ! Sous Hitler, beaucoup ont pu dire : « On ne savait pas. » Si on dit cela aujourd'hui, on ment. On sait. Et l'on a quasi rien fait. Là-bas, tous seuls, ils ne peuvent plus ; ni pour le retour politique à la vraie paix, ni pour le secours urgent de chaque heure. Il faut l'action de tous ceux dans le monde qui sont capables des colères du vrai amour... Cette attente du regard des mourants restera-t-elle trahie ? Ils demandent du lait, des suraliments, des remèdes, de l'argent. Et nous, nous gaspillons tant, nous tous.

Amis et vous, en premier, les enfants, capables d'avoir mal du mal des autres enfants, ensemble tout de suite, entraînons à réaliser la joie de ces jumelages de vie.

Pensez que, d'après l'estimation moyenne de ceux qui sont là-bas, s'il n'y a pas un sursaut de l'aide mondiale, 500 000 enfants de moins de dix ans mourront d'ici Noël.

Il faut se réjouir de vieillir

Jubiler, alors que l'action intense, extériorisée, créatrice, chaque jour un peu moins nous est possible ?

Jubiler, alors qu'il faut attendre en longues, quotidiennes solitudes, même si l'on a le privilège de ne pas être privé d'affectueuses bontés des plus jeunes, mais que tout appelle sans cesse ailleurs ?

Oui, cela existe. Oui, cela est possible. À la condition qu'une bonne fois (et c'est chaque jour renouveler, bien sûr) l'on se fasse attentif à tant d'instants qui, au long de la route, quelles qu'aient été les douleurs que l'on a connues et vécues, nous ont été des « signes ». Signes de ce que « nous sommes aimés ! » par plus d'amour que jamais nous n'avons su en recevoir ou en donner.

L'amitié, c'est un renoncement

Il n'y a pas d'amitié qui, tôt ou tard, ne coûte, et beaucoup. C'est alors qu'elle se révèle vraie, signe et source de plus pleine vie pour soi et autour de soi... L'amitié solide est bien autre chose que la seule sympathie instinctive. Elle vient au cœur de ceux qui, faisant ensemble, avec persévérance, des choses belles et difficiles, découvrent à la fois la faiblesse de chacun et une réalité qui ne peut se dire avec aucun mot, qui apparaît au-delà et au-dedans et qui donne sens, valeur, absolu à ce que l'on vit. Mais cela ne survient qu'à travers un renoncement.

Avec l'amitié, il faut que casse, se déchire cette suffisance, réelle ou apparente, que chacun s'évertue à montrer pour se protéger dans les relations avec les autres... Il n'y a possibilité d'amitié, comme d'amour authentique, que là où il y a pauvreté en esprit, selon la formule évangélique, c'est-à-dire profonde non-suffisance.

La solitude, cela s'apprend

À la fois quoi de plus affreusement douloureux et, par instants plus ou moins prolongés, quoi de meilleur que l'expérience de la solitude ? Ainsi en est-il de bien des réalités de cette si énigmatique vie humaine, écartelée entre angoisses, obscurités et temps de paix et, par instants, indicible jubilation.

Répondre à la fois à « la faim de n'être pas seul », mais, en d'autres moments, à « la faim d'être seul », en vérité, voilà bien l'un des problèmes essentiels à résoudre pour l'homme, plus que jamais dès maintenant et combien davantage dans la société prévisible dès demain.

Devenir capable de « rentrer en soi-même », « recueilli », comme on dit, fût-ce dans la cohue d'un métro, cela s'apprend, plus d'un y parvient et tous en ont besoin.

Et cela aussi doit s'apprendre : « La certitude très vivante que, jamais aucun humain n'est réellement en maudite solitude et désolation, utile à personne, n'aimant personne, aimé par personne. »

La fête de Noël est une rencontre avec Dieu

Il me semble que, depuis bien longtemps, et sûrement le plus souvent, Noël, c'est pour moi, chaque année... une grande lassitude, environnée de la joie et des sourires, de beaucoup... dans une paix au-delà des mots et des chants. Et ne fut-ce pas cela aussi pour la Vierge Marie et pour Joseph, eux pour qui il n'y avait pas de place, alors qu'ils devaient être si las, mais les anges et les bergers chantaient de joie, parce que s'accomplissaient le signe de tous les pardons, et la rencontre de tout l'humain avec tout l'éternel qui est amour. (Noël 1974)

> *Une profonde amitié*
> *liait le médecin de Lambaréné,*
> *Albert Schweitzer à l'abbé Pierre.*
> *Dix ans après sa mort, il lui rend hommage.*

Schweitzer n'était pas si fou...

Un jour, un ami africain devenu ministre me disait parlant de Schweitzer alors qu'un groupe d'étudiants d'Afrique venait, avec la plus extrême violence, d'accabler le vieux docteur de blâmes et de sarcasmes :

– Vois-tu maintenant que je dois gouverner, je découvre que le « vieux » n'était pas si fou.

Et comme je répétais ce mot au docteur, lorsque j'eus, une dernière fois, le bonheur de l'intimité d'entretiens avec lui, il murmura, très visiblement ému :

– Vous m'apportez une bien bonne joie, avant que je meure.

... il était bienveillant

Schweitzer, un soir où nous devisions, assis tout serrés l'un contre l'autre, sur les marches de bois devant la porte de sa chambrette, alors que le soleil équatorial, avec une vitesse surprenante, s'engloutissait dans la lourde et exubérante forêt, nous laissant, quasi sans crépuscule, du jour dans la nuit, me dit :

« On me reproche ces huttes, ce "village nègre", alors que, c'est vrai, on m'offrirait largement assez d'argent pour bâtir du moderne. Mais si j'avais cédé, j'aurais été deux fois cruel.

D'abord, lorsque le malade arrive. Alors qu'il est dans la douleur, on voudrait que je le contraigne à rompre avec toutes coutumes, avec tous ses proches, en le plongeant dans nos "commodités" qui lui sont toutes inconnues.

Et puis, on voudrait que lorsque, guéri, il se sera un peu initié aux avantages de nos usages (lumière, eau, toilettes), et que le moment sera venu de lui dire : "Réjouis-toi, tu es guéri, repars", qu'il lui faille alors, laissant tout cela, se retrouver loin au cœur de sa forêt, privé de ce à quoi il aurait pu commencer à prendre goût.

Non, ici ce n'est pas un hôpital : c'est un village où l'on soigne et où l'on guérit. »

En 1977, la crise s'est installée.
C'en est fini des trente glorieuses.

Il faut bâtir un nouvel ordre mondial

Le président Carter, à peine élu, met en demeure son parlement, « sous peine de catastrophe nationale » (ne serait-il pas plus réaliste de dire : catastrophe mondiale) « de changer le mode de vie des États-Unis ». Pour cette simple raison : les 220 millions de citoyens de son pays, démontre-t-il, c'est-à-dire 6 % des habitants de la planète, en sont à dévorer quotidiennement 30 % de la totalité de l'énergie actuellement utilisable dans le monde entier.

Dans les mêmes jours le président Senghor, à Dakar, démontre comment, entre 1973 et 1977, les produits que son pays doit acheter aux nations riches pour espérer progresser ont augmenté de 234 % tandis que les produits qu'il faut vendre, pour pouvoir payer, ne trouvent pas acheteurs s'ils augmentent de plus de 50 %.

Le temps de la rupture de ce que les privilégiés que nous sommes, tantôt inconscients, tantôt hypocrites, avons longtemps appelé « l'ordre du monde », pourrait-il tarder longtemps ?

Mon credo : servir premiers les plus souffrants

« Servir premiers les plus souffrants » et « servir premiers chacun des tout-petits qui viennent à naître », n'est-ce pas la certitude, unanime, la seule unanime, mais qui crie au monde la loi, que toute maman, quelles que soient sa race ou sa foi, proclame aussitôt que sont dans ses mains la faiblesse et l'espérance de son enfant ? Là est « le mode d'emploi de la vie », là est « la source de toute paix », et la rencontre à jamais de l'Éternel notre amour.

Le 23 juin 1979, l'abbé Pierre écrit au président de la République française pour le sauvetage des réfugiés du Sud-Est asiatique

Il faut que la France intervienne en faveur des réfugiés

Dans l'actuelle tragédie de la mer de Chine, ce serait insulter le peuple français que de douter qu'il soit unanime pour approuver l'intervention immédiate, massive, de tous nos moyens, pour ce sauvetage.

Ne serait-ce pas sinistre et mortel pour la générosité de la jeunesse du monde entier, de n'entendre répondre à cet appel désespéré que par de diplomatiques invitations à des conférences ? C'est le cœur de la France entière, autant que les larmes de ces frères, qui vous crient : au secours, agissez sur le champ, à la mesure de la honte qui vous accablerait.

L'opinion mondiale vous soutiendra. Merci.

Nous devons compatir au sort des privilégiés

Oui, il faut sans cesse renouveler les provocations, les contagions, parmi les privilégiés. À la fois parce que sont dans leurs mains les pouvoirs qu'ils doivent mettre au service de la délivrance des opprimés et des oubliés. Et aussi parce que tant d'entre eux font pitié dans des existences où, si souvent, tout abonde, sauf l'espérance. Il faut aussi avoir de la compassion vis-à-vis d'eux. Une compassion qui ne peut pas être vraie sans prendre le risque de les choquer. À nous de faire que pourtant, ils se sentent, eux aussi, aimés, capables d'apprendre à aimer, alors que parfois doit être détesté ce sur quoi se sont créés leurs privilèges.

L'abbé Pierre aime raconter
cette histoire aux compagnons d'Emmaüs.

Souvenons-nous de la sagesse des humbles

Un homme d'affaires en vacances en Inde.

Sur la grève, il voit un pêcheur qui revient avec un poisson.

Il admire sa prise, et lui dit :

– C'est le bonheur ! Tu retournes en chercher ? Bon, je vais avec toi. Il faut que tu m'expliques comment tu pêches.

– Retourner en chercher, mais pour quoi faire ? demande le pêcheur.

– Mais parce que tu en auras davantage, répond l'homme d'affaires !

– Mais pour quoi faire ?

– Parce que quand tu l'auras vendu, tu auras de l'argent.

– Mais pour quoi faire ?

– Parce que tu pourras t'acheter un petit bateau.

– Mais pour quoi faire ?

– Eh bien, avec ton petit bateau tu pourras avoir plus de poissons.

– Mais pour quoi faire ?

– Eh bien, tu pourras embaucher des ouvriers.

– Mais pour quoi faire ?

– Ils travailleront pour toi.

– Mais pour quoi faire ?
– Tu deviendras riche.
– Mais pour quoi faire ?
– Tu pourras te reposer.
Le pêcheur dit alors :
– Mais c'est ce que je vais faire tout de suite !

L'insatisfaction appartient à la nature humaine

L'homme porte en lui une aspiration à l'infini, à l'éternité, à l'absolu, et il vit dans le fini, le temps, le relatif. Il est fondamentalement, ontologiquement, insatisfait. S'il n'en prend pas conscience, il reporte ses aspirations les plus profondes dans le domaine de l'avoir : il est sans cesse en quête de biens matériels et de plaisirs immédiats qui ne pourront jamais le combler. Il sera alors éternellement insatisfait, car il se trompe sur la nature du véritable bien.

S'il n'est pas lucide, il peut aussi se mentir à lui-même et vivre dans l'illusion d'être comblé ou de pouvoir le devenir par des moyens erronés. Mais n'est-ce pas cesser d'être homme que de se sentir satisfait ?

Il faut toujours créer le doute

Un jour, je descendais du train à Marseille, et voilà que sur le quai, un homme distingué m'aborde et me dit : « Vous êtes bien l'abbé Pierre ? » – « Oui, Monsieur. » Il me dit : « Ma voiture m'attend avec mon chauffeur. Est-ce que je peux vous rendre quelque service, vous conduire quelque part ? » Je lui dis : « Non, nos compagnons de la communauté de la Pointe Rouge savent que j'arrive, ils sont sûrement là avec leur camion. » Et comme nous marchions sur le quai de la gare, cet homme, j'ignore totalement qui il est, me dit : « Vous savez, mon Père, depuis cette conférence que vous avez faite à Marseille, devant des milliers de personnes, je ne sais pas si je dois vous bénir ou vous maudire, car depuis ce jour, je ne peux plus finir mes journées sans m'interroger : Est-ce que mes privilèges, ma situation, n'ont profité qu'à moi, à mes proches, à mes intimes ? Ou est-ce que, honnête dans mes privilèges, est-ce que j'ai été soucieux de les faire servir au bonheur de tous en commençant par les plus souffrants ?» Je lui ai souri et lui ai dit : «Merci ! Vous ne pouviez pas me faire plus de joie que me dire qu'ainsi je vous empêchais de traverser la vie avec les pouvoirs que vous possédez, je vous empêchais de traverser la vie inconscient. »

Le 15 avril 1980,
le philosophe Jean-Paul Sartre décède.

L'absurde

«L'enfer, c'est les autres», écrivait Sartre. Je suis intimement convaincu du contraire. L'enfer, c'est soi-même coupé des autres.

Socrate, Bouddha, Épictète, Jésus et bien d'autres ont ainsi cherché à réveiller l'homme de sa torpeur, à lui faire quitter l'illusion, à l'éveiller à la nécessité du salut.

Mais il y a aussi des éveilleurs de l'absurde, des maîtres de la désespérance. Je pense notamment à Sartre. Dans *Les Mots*, il reconnaît qu'il a passé sa vie à agencer des mots qui ne laissent pas de trace. Et Simone de Beauvoir écrit avant de mourir : «Nous avons été floués. »

Floués ? Mais par qui, sinon par eux-mêmes ? Ils ont été l'un et l'autre courageux. Ils ont pris des positions qui n'étaient pas celles de leur milieu d'origine. Ils ne sont certainement pas sans mérite et je ne les juge pas. Mais ils ont aussi été des maîtres de la désespérance. Plusieurs de leurs disciples, en allant jusqu'au bout de leur enseignement, se sont suicidés.

Le 10 mai 1981, l'abbé Pierre remet
une lettre confidentielle à Lucie Coutaz.

10 mai 1981, l'arrivée de la gauche au pouvoir

Avant que commencent à être connus les résultats de cette élection (grave surtout par la coupure si forte du pays), je veux vous avoir fait cette confidence (à garder longtemps secrète) : après avoir beaucoup réfléchi et prié, pour la première fois de ma vie j'ai voté blanc parce que je suis sûr d'avoir personnellement une tâche autre à remplir, d'apaisement et de coopération des adversaires d'hier, pour un efficace vrai service premier des plus souffrants, et je me sentirais trop mal à l'aise si, dans le climat survenu ces derniers jours, je m'étais comme lié aux uns ou aux autres, qui nécessairement ce soir vont être, ou les uns ou les autres, blessés, poussés aux rancunes – Que Dieu m'aide dans la tâche à venir.

À la fin de cette lettre, il ajoute quelques phrases.

On ne possède pas un bien parce que l'on est capable d'en jouir mais si l'on est capable de le donner.

Qui sait en jouir et ne sait le donner en est non le possesseur mais le possédé.

Il y a sur terre, hélas, plus de possédés que de possesseurs.

Être croyant malgré les horreurs du monde

Oui, comment s'expliquer qu'il soit possible d'être « croyant quand même », alors que les moyens de communication, d'information universelle, aujourd'hui nous font voir l'horreur du monde, en même temps que ses splendeurs ? Mais l'horreur de l'injustice des victimes innocentes écrasées ! Comment est-ce possible d'être « croyant quand même » ? Pour moi, c'est devenu possible le jour où j'ai compris à quel point nous étions trompés sur l'Éternel. Nous l'avons caricaturé à notre image humaine. Parce que quand l'homme est puissant, il est dominateur, alors on nous fait penser que l'Éternel, puisqu'il est Tout-Puissant, est dominateur. S'il était cela, mais... il serait à condamner... La vérité, c'est de comprendre que l'Éternel parce qu'il est amour, il est le contraire du Tout-Puissant dominateur...

C'en est fini de la croissance

Voilà que tout d'un coup s'écroule ce qui était devenu pour nous une idole : la croissance. Elle avait si longtemps été le truc par lequel nous pensions pouvoir nous dispenser de chercher d'autres partages. Voilà que l'idole est renversée ! Mais de cette idole ne devenions-nous pas tous des esclaves ? Ne fallait-il pas, pour pouvoir avoir, avoir toujours plus, travailler, travailler au point de ne plus vraiment vivre, afin de pouvoir nous procurer pour ne pas nous croire des arriérés la dernière petite bricole que la publicité nous persuadait qu'il fallait absolument acquérir, faute de quoi nous serions humiliés par rapport aux voisins. Voilà que tout cela s'est brisé.

Alors puisqu'il n'y aura plus, pour un temps, un gâteau plus large à se répartir, comment croire que la foule des plus petits, chez nous, et à travers le monde entier, supportera d'être privée du peu d'espérance qu'elle avait, du temps de la croissance, l'espérance de la délivrance de ses misères ?

Oui, « la crise » sera ou bien provocation aux déchaînements des violences, ou bien abattement dans le dégoût de vivre, ou bien Joie de cette autre façon d'employer le don du temps pour tous ensemble apprendre à Aimer.

Gérer en même temps l'automatisation et le temps libre

Devant le malheur qu'entraîne la montée du chômage, il va falloir s'atteler simultanément à deux tâches : celle qui a trait à l'automatisation (afin de produire mieux et plus sans écraser l'homme) et celle qui a trait au temps libre. Faute de quoi, les oisifs se révolteront et casseront l'usine. D'ailleurs, il ne faudrait pas employer ce mot d'oisifs ; mieux vaudrait parler d'« humanité disponible ».

Créons de nouveaux emplois

Il va falloir inventer les moyens de rendre rentables des tâches utiles et qu'on néglige. Il n'est pas question, bien entendu, de revenir sur les progrès de l'automatisation. Si l'usine ne veut pas faire faillite, il faut bien qu'elle vende au même prix que le concurrent asiatique qui ne paie pratiquement pas de charges sociales. Pour créer ces tâches utiles, il suffit d'un peu d'imagination. Par exemple, on nous parle tous les étés des incendies de forêt. Or, on sait bien que ce ne sont pas les chênes ni les sapins qui brûlent d'abord, mais les broussailles. Jadis, avant qu'il y ait des machines, les ouvriers agricoles, qui n'avaient rien à faire pendant l'hiver, débroussaillaient. Aujourd'hui, on n'a plus besoin d'ouvriers agricoles. Du coup, on a de plus en plus de chômeurs enfermés dans les cages à lapins des immeubles en béton. Je suis convaincu que des jeunes de vingt, vingt-cinq ans qui ne trouvent ni travail ni logement seraient d'accord pour se mettre au service des régions et nettoyer les sous-bois.

La télévision dans les bidonvilles

Oh, mes amis ne soyez jamais de ceux qui raillent, qui s'indignent, se moquent, lorsqu'ils apprennent qu'autour des capitales, des grandes villes, de tous les pays les plus misérables du monde, sur d'horribles bidonvilles de misère, se voit par-ci par-là, perçant un toit d'une de ces cabanes, une antenne. Ne pensez pas comme bien souvent le touriste stupide : « Ils sont fous, ils n'ont pas de quoi manger, leurs gosses pleurent et ils veulent la télévision. » Non, ils ne sont pas fous. Ils montrent simplement qu'ils sont des hommes et non des chiens. Un chien s'il a faim, il veut manger, c'est tout ; un homme, il peut arriver que même quand il a faim, il veuille savoir ! Alors, il trouve dix, vingt, cinquante amis pour réunir le rien qu'il peut avoir pour rafistoler quelque vieil appareil afin, lui aussi, de savoir !

Le 16 mai 1982,
Lucie Coutaz décède.

Vivre la mort avec sérénité

L'absence de ceux que l'on a aimés est, je le sais, douloureuse, mais je la vis de manière tout à fait particulière. Peut-être parce que, entré à dix-neuf ans au couvent, j'ai vécu pendant sept ans l'absence des miens. Et puis la Providence m'a épargné les morts intimes, les morts atroces. Pourtant j'ai vu mourir beaucoup de gens, j'ai assisté des blessés, accompagné des mourants, mais je n'ai pas connu l'horreur vécue par les prisonniers dans les camps, ni l'enfer des combattants sous la mitraillette.

Les morts dont j'ai été témoin m'ont toujours paru être un moment d'accomplissement : celui où Dieu cueillait sa fleur. C'est exactement ce que j'ai ressenti pour mademoiselle Coutaz. Nous travaillions ensemble depuis trente-six ans quand elle a eu son attaque cérébrale à l'âge de quatre-vingts ans. Dès lors, elle a vécu immobile, mais pas inactive : elle ne savait pas ne rien faire ! Pendant trois années, elle a classé méthodiquement des timbres que j'achetais par cinquante kilos. Et moi, j'ai passé mes soirées auprès d'elle à faire des petits paquets de cinquante ou cent timbres que j'entourais avec du fil. Ou plutôt, j'essayais : une fois sur deux, je ratais mon coup ! Ainsi j'ai vécu tout proche de la mort imminente et je n'en éprouvais aucune angoisse, tellement je savais que sa pensée, en cela, était semblable à la mienne.

Je suis engagé politiquement

C'est sûr que l'on dérange certaines « bonnes consciences » Mais, si l'on ne dérangeait pas, on n'aurait plus de raison d'exister. On m'accuse souvent d'être engagé politiquement. Si demander que l'on arrête de tuer, au Chili, de jeunes innocents, c'est faire de la politique, alors oui, je suis engagé. Et je ferai tout ce qui est en mon pouvoir, dans tous les pays où des hommes sont injustes envers d'autres.

Le 20 novembre 1983, deux sans-abri sont
retrouvés morts de froid. L'abbé Pierre réagit sur RMC.

Tous ceux qui protestent contre le phénomène des squatters sont aussi imbéciles que quelqu'un qui voudrait à tout prix mettre soixante litres de pinard dans une bonbonne qui n'en contient que cinquante. Eh bien, ça coule à côté ! Et tant qu'on n'apportera pas une seconde bonbonne, ça continuera de cracher.

Ma définition du partage

Le partage, ce n'est pas de prendre dix francs dans sa poche et de les donner à un pauvre qui en a plus besoin que vous. Le partage, c'est simplement être honnête. C'est peu demander. Et c'est déjà beaucoup.

> *En octobre 1984, l'abbé Pierre défend Mulinaris,*
> *accusé sans preuves d'avoir appartenu*
> *aux Brigades rouges.*

Il faut défendre Mulinaris

Toutes les dictatures, tous les terrorismes, tous les fascismes ont commencé parce que devant les premiers viols du droit, on est resté muet. Il faut toujours alors se lever et crier l'injustice. J'ai jeûné pour cela. J'accepte d'être assassiné pour cela, parce que je me sentirais un lâche si je ne le faisais pas.

La privation physique ne demande un effort de volonté que le premier jour et encore un peu le deuxième ; mais après, cela ne fut rien pour moi (entre les lectures de sujets spirituels, et les longs temps de silence dans la cathédrale de Turin) comme un rare et très précieux privilège. À tel point que respecter l'engagement de ne pas prolonger au-delà de huit jours, a demandé, le moment venu un fort acte de volonté.

Le jeûne vécu pour un but précis, et si l'on porte en soi une réelle animation spirituelle, devient une sorte de fascination à laquelle on ne se soustrait pas sans effort.

Tous les médecins qui ont étudié les phénomènes de jeûne enseignent que doit être prévu, lors de la reprise de nourritures, végétariennes d'abord, puis progressivement comme tout le monde, un nombre de jours égal au nombre de jours de jeûne, avec peu d'activités pesantes. Cela ne me fut pas possible. Dès le troisième jour il fallut répondre à des rendez-vous en des villes éloignées, entretiens avec des hommes importants pouvant jouer un rôle décisif pour la restitution de ses droits à l'homme dont l'innocence m'est certaine et qui approche de son millième jour de privation de liberté sans procès. Ces jours-là furent très durs. Ils s'achevèrent dans la souffrance de n'avoir pas encore obtenu la liberté pleine, que je crois juste, pour cet homme (Vanni Mulinaris), et pour tant d'autres, innocents comme lui.

J'adresse un message d'espoir aux jeunes

Je dis aux filles et aux garçons qui ont quinze ou vingt ans : Vous allez être sûrement ou la plus malheureuse ou la plus heureuse des générations. Si vous entrez dans la vie avec l'idée banale, classique : « Moi, moi, moi, ma fortune, ma réussite, que les autres se débrouillent », vous êtes à plaindre. En effet, la violence des bouleversements qui ont commencé et ne sont pas prêts de finir à l'échelle mondiale est telle que, Dieu merci, elle cassera ceux qui n'ont que cet idéal. En revanche, si vous entrez dans la vie avec la volonté d'être heureux, de travailler, d'être compétents pour vous mettre, en équipe, au service des plus souffrants, vous avez de la veine d'avoir vingt ans aujourd'hui parce que les idoles sont cassées par la crise et que le chemin est ouvert. Si tel est votre idéal, vous pourriez avoir une vie passionnante. Elle ne sera pas belle, elle ne sera pas drôle – la nôtre non plus n'a pas été drôle –, mais elle pourra être merveilleuse car elle sera créatrice de l'homme de demain.

Je rends hommage à un compagnon décédé

Comment était, au secret de ton cœur, ta foi, la foi qui fait vivre chacun ? Je ne sais pas. Je ne t'ai pas assez connu. Mais tu as vécu des années à Emmaüs, t'éveillant chaque matin avec la pensée du travail par lequel tous ensemble on deviendrait capables de soulager plus de souffrants, et aussi de faire réfléchir plus de gens privilégiés sur leurs responsabilités. Tu as vécu cela. Et cela ne peut pas se vivre des années sans faire goûter comme c'est bon, de vouloir être bon et fort.

Face aux nouvelles formes de pauvreté,
l'abbé Pierre lance les banques alimentaires
et le « Noël de l'abbé Pierre ».

C'est plus que les surplus que nous réclamons ; nous réclamons les paniers des avions, des wagons-restaurants, de tous les restaurants de luxe, qui, tous les jours, sont pleins à craquer. Nous

174

réclamons tous ces aliments qui sont légalement obligés d'être jetés aux ordures.

*Le 23 novembre 1984, l'abbé Pierre
fait un discours au Palais des Congrès.*

Réagissons à la crise économique

La crise économique n'est pas qu'un sale quart d'heure à passer, elle va durer. Le temps de la croissance et du gaspillage est terminé. Croire que nous vivons une parenthèse est une illusion mortelle. La crise sera longue et elle impose d'autres choix de vie... Nous sommes aujourd'hui contraints au partage. Ce n'est pas une mode, c'est une réalité brutale comme celle du chômage et de la pauvreté. Nous serons, demain, obligés à une redistribution du temps de travail et du revenu du travail.

L'endettement du Tiers-Monde

La dette du Tiers-Monde, sur laquelle vous êtes assis et croyez indéfiniment prospérer – cet endettement gigantesque qui rapporte davantage aux pays riches que toutes les politiques d'aide au développement ne leur coûtent – est un volcan qui peut, du jour au lendemain, du jour où le Mexique, le Brésil, déclareraient : « Nous ne devons plus rien ! », précipiter l'économie mondiale dans la ruine.

Il faut que la voix des hommes sans voix empêche les puissants de dormir.

Les nouveaux pauvres, une réalité brutale

Ce qui est nouveau, c'est ce qui est venu se rajouter aux exclus de la société concurrente, la société croissante où les costauds vaquaient, s'enrichissaient continuellement, même en totale honnê-teté... Ce qui est nouveau, c'est ce qui est venu se rajouter à cette catégorie qui, de tout temps, a existé – quand une société pas saine oublie les faibles, les cabossés de la vie – ce qui est nouveau, c'est la conséquence, facile à calculer chronologiquement ; et cela va continuer car les premières vagues de ces nouveaux pauvres, de ces pauvres bien habillés, coïncident avec les dix-huit mois ou deux ans suivant les premières fermetures d'entreprises. Ce qui me choque, c'est que notre opinion, qui n'ignore pas les faits de base sur lesquels je raisonne, ait l'étourderie de poser la question : Que signifie « les nouveaux pauvres », qu'est-ce que les nouveaux pauvres, cette espèce de mode qui surgit tout d'un coup ? Hélas, ce n'est pas une mode, c'est une réalité brutale.

Les sans-domicile, une gangrène

Il y a en France quatre cent mille « sans-domicile », dont quarante mille à Paris et dans sa région, et vingt mille filles de moins de vingt-cinq ans qui dorment la nuit dans les asiles ! En moi, ça explose, car notre pays a tous les moyens pour bâtir les logements indispensables : main-d'œuvre, technique, matières premières... Et il y a les sous ! Mais le budget de l'État ne prévoit pas le partage... La France qui est l'un des pays les plus riches du monde, est pareille à un magnifique champion qui a un chancre à la jambe. Comme ça ne se voit pas et qu'il est toujours aussi beau et fier de lui, on ne s'occupe pas de son abcès. Les quatre cent mille couche-dehors, c'est le chancre à la jambe du champion. Et le champion court le risque d'en crever.

Être charitable en 1984

Je suis blessé de la blessure du chômeur, de la blessure de la jeune fille à la rue, comme une mère est malade de son enfant. Voilà ce qu'est la charité, me dira-t-on avec un sourire un peu méprisant. Ce mot est déprécié, car il évoque les « bonnes œuvres » des belles dames riches d'autrefois. Mais être charitable, ce n'est pas seulement donner, c'est avoir été, être blessé de la blessure de l'autre. C'est aussi unir toutes mes énergies aux siennes pour guérir ensemble de son mal devenu le mien. Une politique qui ne sait pas inclure cette charité-là, est infirme, boiteuse et inefficace.

En 1985, l'abbé Pierre laisse un testament spirituel.

Les mystères de la Joie

J'étais soudain comme hanté par le désir – le besoin – de laisser à mes contemporains un testament spirituel... Face au vide créé par l'effondrement de toutes les anciennes valeurs, nous sommes à une époque charnière. D'un côté une crise sociale, morale, spirituelle surtout, sans précédent, des foules devenues religieusement analphabètes et qui humainement se dégradent au rythme des violences banalisées, des folies et des absurdités quotidiennes. D'un autre côté des transformations si rapides et si radicales de tout qu'elles peuvent, par un effet de choc salutaire, favoriser avant qu'il ne soit trop tard un ultime sursaut du cœur et de la raison. Provoquer cette métamorphose en profondeur de l'homme que je résumerai ainsi : « Être plus » au lieu d'avoir plus.

La Joie, c'est aussi celle qui emplit le cœur lorsqu'on a rencontré la certitude que la vie n'est pas un chemin qui va vers rien.

Savoir accepter ce qui nous dépasse

Ayez la sagesse d'accepter humblement ce qui nous dépasse. Pascal a dit des choses très profondes sur les ombres et les lumières de la Foi : une face assez lumineuse pour qu'on puisse raisonnablement être amené à croire, une face suffisamment obscure pour qu'on ne soit pas obligé de croire.

Le mystère du libre arbitre

Sans le mystère, dans l'humilité d'un Dieu qui ne s'impose jamais, notre acte de foi et d'amour serait trop facile ! Tout est là, dans la révélation, dans l'acceptation de notre condition de créatures libres « pour le meilleur et pour le pire ».

Avant de mettre en accusation le Créateur « injuste, incapable, voire coupable », il faut découvrir cette dimension essentielle, fondamentale de l'Éternel : ne pouvant créer qu'en culminant de la liberté et en respectant la nôtre.

Mal, mort, misère, souffrance... « Comment, si Dieu existe et qu'il est Amour, peut-il permettre tout cela ? » Je ne prétends pas avoir trouvé la réponse, mais je pense, avec le vieux savant du « Mystère », avoir « mieux compris la question ». Et les yeux bien ouverts sur les terribles réalités du monde, je me définis comme lui : croyant quand même ! Espérant quand même !

L'humanité doit se remettre en question

Mon angoisse, c'est la conviction, la prescience que l'humanité va inéluctablement à sa perte si elle ne se remet pas en question, si elle ne retrouve pas d'urgence le sens de l'Éternel, et son corollaire : l'exigence de l'Amour.

Le Jugement dernier

À l'heure où j'espère que « vieillir c'est fleurir », voilà ma réflexion ultime. Au jour du Jugement, voyant notre suffisance et pesant notre insuffisance, on nous demandera moins « avez-vous été croyants ? » que « avez-vous été crédibles ? »

En avril 1986, un réacteur
de la centrale nucléaire de Tchernobyl explose.

Tchernobyl ou dire la vérité

Lors de la catastrophe, j'étais en Finlande, où nous formions une communauté dans les pays baltes. J'ai été surpris de constater que les directives en ce qui concerne l'information données par Moscou étaient très libérales, très ouvertes, ils voulaient tout dire. Dans les journaux russes qui nous arrivaient, des pages entières montraient des enfants anormaux, des animaux estropiés, etc. C'était épouvantable. Paradoxalement, chez nous, les médias n'ont pas osé dire la vérité.

Le 19 juin 1986, Coluche qui, en hiver 1985-1986,
avait lancé les Restaurants du cœur, meurt accidentellement.

Coluche, un témoin qui dénonce et un véritable « communiant »

Nous nous sommes rencontrés quelques mois avant sa mort sur le champ de bataille de la faim. À la demande de sa mère, j'ai célébré ses funérailles. Si la jeunesse le pleure, c'est pour le remercier d'avoir démasqué l'hypocrisie de notre société bien élevée : il était un témoin qui dénonce et agit. Et c'était un authentique « communiant ».

Le plus grand nombre des apparemment non-croyants n'est-il pas composé de ceux qui n'ont vu, dans l'image de Dieu suggérée sous leurs yeux par la communauté des croyants, qu'une image méconnaissable ? Les blasphèmes qui montent en multitude de la terre ne sont pas lancés contre Dieu vrai, contre Dieu Amour. Ils sont lancés à la face des faux dieux, façonnés par les égoïsmes, les hypocrisies, les intérêts politiques. Le seul blasphème, c'est le blasphème contre l'Amour.

Lorsque Jean-Pierre Elkabbach m'a téléphoné, bouleversé, pour m'annoncer le drame, j'ai envoyé un télégramme à la maman et je disais à Jean-Pierre Elkabbach : « Merci de dire à toute la famille de Coluche les dernières paroles qu'il a prononcées devant moi il y a deux ans. » Il m'a dit en me quittant : « Il faut qu'on se revoie. »

Je veux dire à toutes les personnes que quand il est venu me voir, le 25 mars, ce jour-là, j'ai découvert le mystère de l'homme sous le masque.

Or, ce jour-là, on m'a demandé : « Quand avez-vous connu Coluche ? » J'ai dit : « Je ne l'ai pas connu, je l'ai reconnu. »

Je m'adresse ensuite à la multitude. Cet homme, un homme comme tous les hommes, avec son paquet de défauts, de péchés et de qualités, pour tous ces jeunes, c'était l'homme du courage, de la vérité. Il a été le fou des rois. Il aurait pu l'être non grossièrement. Alors il aurait été le saint Jean-Baptiste. Il était à sa manière un témoin. Ce n'était pas un saint. Mais des gens canonisés, je suis convaincu qu'il y en a beaucoup au Paradis, s'ils méritent d'y aller. Je disais à sa maman dans le télégramme : « Dans la foi, dans l'espérance, dans la prière, soyons sûrs qu'avec tous ceux qui veulent vivre pour aimer, nous nous retrouverons. »

J'ai un instinct d'insolence mesurée

Un jour, je me retrouve sur un banc à côté de Mgr Gaillot, pour manger un sandwich. C'était pendant la fête des cinquante ans de la JOC. Il se penche vers moi :

– Expliquez-moi un mystère... Moi, dès que je dis un mot, on me tape dessus. Vous, vous en dites dix fois plus, et ça passe très bien !

– Premièrement, c'est que je ne suis pas évêque. Deuxièmement, je crois que le bon Dieu m'a donné une espèce d'instinct de l'insolence mesurée. Je sens jusqu'à quel point je peux gueuler. Au-delà, je me ferais plaisir, mais ça ne serait pas efficace parce que ceux à qui je m'adresse ne sont pas prêts à en entendre plus.

Je suis un passionné

Cette façon que j'ai de m'indigner montre que je suis passionné. Mais il faut être passionné pour réussir sa vie ! Sans doute n'oserais-je pas dire que j'ai réussi la mienne, mais je reconnais qu'il est vraiment bon par moments de savoir qu'un effort, une action ont été contagieux, que d'autres se sont engagés, que de belles réalisations ont pu naître. Quand je dis cela, une image me vient immédiatement à l'esprit : celle de l'âne portant les reliques... Je n'ai jamais cru que l'encens qu'on répand sur les reliques soit destiné au bourricot !

La révolte est nécessaire

Il ne peut y avoir de salut, c'est-à-dire la rencontre de cet appel en nous avec l'Éternel, qui est amour, si, devant le mal, devant l'exploitation du plus faible, écrasé, exploité, il n'y a pas la colère. La colère révèle ce qui est aimé... La colère se manifeste là où est ton amour. L'âge ne change rien à l'affaire, on n'est pas moins en colère en vieillissant. On peut être moins actif, avoir moins d'énergie, mais on n'en aura pas moins intérieurement les mêmes passions, les mêmes révoltes, les mêmes colères.

*Le 14 février 1988, le fondateur d'ATD-Quart-Monde,
Joseph Wresinski, décède. Lors des obsèques, l'abbé Pierre
déclare à Geneviève Anthonioz de Gaulle ce qui suit.*

Joseph Wresinski

Ce qu'avait Joseph et que nous n'avons pas, c'est qu'il est né pauvre et qu'il l'est toujours resté. Jamais les plus misérables, les plus exclus, n'ont mis en cause le fait qu'il ait parlé en leur nom.

*En 1988, le RMI est instauré
et l'abbé Pierre crée la Fondation abbé Pierre
pour le logement des défavorisés.*

Le juste partage

2 000 francs pour survivre, il faut le faire, bien sûr ! Mais c'est le signe d'un malheur d'en être arrivé là...

... L'Europe est en train de se faire. Ce sera la première force économique dans le monde. Mais une force pour faire quoi ? Si c'est pour renforcer l'injustice, s'il n'y a pas de juste partage, si ce n'est pas pour soulager le plus souffrant, alors c'est une malédiction.

*En 1988, l'abbé Pierre fête ses cinquante ans de sacerdoce.
Il répond aux questions de ses cent huit neveux et nièces.
L'une des questions porte sur les engagements du prêtre.*

Pauvreté, chasteté, obéissance

De mes trois engagements de prêtre : pauvreté, chasteté, obéissance ; celui qui m'a le plus coûté est la chasteté. La pauvreté monastique est frugale. On n'avait rien d'inutile, mais on ne manquait de rien. On ne s'inquiétait pas du lendemain.

L'obéissance : il n'est jamais arrivé qu'on me commande quelque chose que je ne voulais pas. Je n'ai aucun mérite.

Le renoncement à la tendresse d'une femme, ce vœu de transférer vers le spirituel et l'Amour infini les amours humaines : de cela, j'ai éprouvé une souffrance constante, quotidienne, toute ma vie.

Le sacerdoce

Si ce renoncement n'était pas volontaire, le célibat n'aurait pas de sens ; il ne serait que la négation de la femme en soi, et de tant d'autres précieuses valeurs : valeur du couple, épanouissement de soi-même. On ne peut renoncer à la plénitude de la vie conjugale que parce que l'on répond à un réel appel, parce que l'on est en impatience, de toutes ses énergies, tendu vers ce que Jésus appelle pour tous, mariés ou pas, le royaume de Dieu, dans une communion de tous les humains, et d'abord avec les délaissés, les oubliés.

La tendresse d'une femme, celle de chaque jour, je ne l'ai jamais vécue. De cela, j'ai éprouvé une souffrance constante, quotidienne, toute ma vie. Car je ne pense pas que pour un homme, la tendresse existe sans la présence d'une femme. Ou alors, il faut vraiment que Dieu s'en mêle beaucoup !

Mais je ne crois pas que l'aspiration à la tendresse implique nécessairement celle de l'achèvement donné par l'acte sexuel. Bien sûr, il ne faut pas se faire d'illusion : l'aspiration à la tendresse participe de la pulsion instinctive. Cependant, il me semble qu'elle peut exister pleinement sans autre motif que la joie de vivre, avec ce qu'elle comporte de plaisir partagé.

Le célibat des prêtres

Dans l'Église primitive, la question ne se posait pas. Il est évident que les douze apôtres n'étaient pas douze célibataires. On sait d'ailleurs que Jésus a guéri la belle-mère de saint Pierre. Il était donc marié.

Au fur et à mesure que l'Église s'organisait, les communautés demandaient un prêtre à leur évêque et elles ont eu tendance à ne proposer que des moines. Le moine pouvait, s'il l'acceptait, se donner entièrement à son ministère, il n'avait pas de famille, il était disponible. Le célibat des prêtres n'a pas été au départ une décision hiérarchique, mais une demande populaire.

Les siècles ont passé. Il ne faut pas se cacher la vérité : aujourd'hui, dans toute la Cordillère des Andes que je connais bien, combien sont les prêtres qui vivent le célibat ? Quand la femme du prêtre passe dans la rue, personne ne se scandalise, au contraire, on la respecte. Les évêques d'Amérique latine sont au courant et ont depuis longtemps renoncé à ce que les actes soient conformes aux enseignements pontificaux.

Aujourd'hui des communautés réclament des prêtres et – à l'inverse des temps anciens – accepteraient tout à fait que ce soient des prêtres mariés.

À propos de l'avortement

Il y a des cas où un chrétien peut considérer qu'hélas l'avortement est un moindre mal.

La vie d'un prêtre aujourd'hui

La vie d'un prêtre dans le monde actuel n'est pas la vie du curé d'Ars. Il est en ville, il ne peut pas mettre le nez dehors sans voir une affiche sexuellement provocante, et je ne parle ni de la radio ni de la télévision. Il se crève toute la journée, l'exigence spirituelle, les problèmes sociaux, et quand il rentre chez lui tout seul, il n'a ni détente ni réconfort. Le dialogue de l'amour lui devient un appel au secours qui n'est pas sans analogie avec la fidélité à la prière d'adoration.

Les femmes dans l'Église

Malheureusement, au sein de l'Église, la place de la femme a trop souvent été celle de la « bonne du curé ». Ce n'est pas normal ! Où lit-on dans l'Évangile que le sacrement de l'ordre devait être réservé à l'homme ? Il y est écrit que les douze apôtres étaient là le Jeudi saint. On ne précise pas si Marie était là ; rien ne dit qu'elle n'y était pas ! Et l'Église, à l'époque, était forcément captive des mœurs de la société de son temps.

Je pense que, théologiquement, il n'y a pas d'arguments contre l'accès des femmes au sacrement de l'ordre, si ce n'est ceux, de convenance. La femme dans l'Église est doublement exclue, car elle l'est aussi par la règle du célibat sacerdotal. À cause de cela, je ressens l'Église comme mutilée.

Perfection évangélique et réalité quotidienne

En tant que prêtre, il est dans ma mission d'en appeler à la perfection de l'Évangile. En tant que directeur de conscience, mon rôle est de tenir compte de la réalité d'aujourd'hui : quand une naissance nouvelle risque de mettre en péril l'intégrité d'un couple qui vit, par exemple, dans un logement déjà trop exigu, qui a du mal à boucler ses fins de mois et qui est pris dans le tourbillon des difficultés de vivre, on peut, sans culpabilité, rechercher les moyens d'une procréation volontaire.

L'Église et les homosexuels

Je connais des homosexuels et j'essaie de leur offrir de l'amitié. Je sais à quel point certains ont été rejetés, humiliés. Cette exclusion, cette malédiction en a conduit certains à devenir provocateurs. C'est dommage, parce qu'ils accroissent ainsi la souffrance de leur vie. Je me suis beaucoup intéressé à ce que le nouveau Catéchisme de l'Église catholique dit à leur propos. Il leur consacre trois paragraphes qui commencent ainsi : « Une quantité non négligeable... » Cette formule m'a fait sauter au plafond : à partir de quel nombre des hommes deviennent quantité non négligeable ? La suite montre cependant un effort de compréhension pour ceux que l'on considérait avant comme vicieux : « d'hommes et de femmes présentent des tendances homosexuelles foncières. Ils ne choisissent pas leur condition », ça c'est nouveau, plus humain. Continuons : « Elle constitue pour la plupart d'entre eux une épreuve. Ils doivent être accueillis avec respect, avec compassion... (Si j'avais eu mon mot à dire, j'aurais laissé tomber "compassion" dont la signification est belle – souffrir avec – mais qui peut sembler condescendante)... avec respect et délicatesse. » Bravo ! « On évitera à leur égard toute marque de discrimination injuste, car ces personnes sont appelées à réaliser la volonté de Dieu... » C'est bien.

Un trésor de l'humanité ou un trésor de l'Église ?

Ce n'est pas pensable que l'Évangile disparaisse avant la fin du monde, dans des cérémonies royales. Je rêve du jour où, la raison l'emportant, les musées du Vatican seront confiés à l'Unesco. C'est un trésor de l'humanité, pas un trésor de l'Église !

L'étalage de luxe de l'Église

Je suis sûr que l'avenir de l'Église ne sera pas dans la continuité de ce qu'elle a été, de ce qu'elle est encore, dans les apparences de la richesse...

Je me demande parfois ce que signifie l'extraordinaire énergie dépensée par le pape actuel qui s'en va à travers le monde entier pour rendre présent le message, au risque, parfois, de se trouver au coude à coude et de serrer la main de ceux qui se sont scandaleusement enrichis, ou qui ont fait tuer tant d'innocents dans leur pays. Sans compter que la visite du témoin de Jésus charpentier suscite un étalage de luxe qu'aucun grand chef politique n'oserait espérer.

Le prêtre demain sera un animateur

Le prêtre de demain devra être agent de contagion. Pour moi, il doit être l'animateur qui fera jaillir un chant de « mercis » de la création vers le Créateur. Je disais à nos amis d'Emmaüs de Buenos Aires, après le naufrage de 1963 : Mon Dieu, pourquoi tant de souffrances sur tant de gens ? Oh, alors comme sont nécessaires les prêtres au sens absolu du mot : capables de donner, en même temps que toute la connaissance de la parole de Dieu, tout le débordement, tout le ruissellement des grâces à travers tous les sacrements, l'Eucharistie par-dessus tout.

La messe

Un jour, un évêque m'a appelé pour partager une journée avec ses paroissiens. Le matin, nous avons débattu de sujets concernant la vie quotidienne. L'après-midi était consacré aux chants et aux spectacles. La joie dans laquelle, ce jour-là, je vis repartir ce millier de jeunes venus de tout le diocèse, quelle leçon ! Ensuite j'ai dit à l'évêque : « Père, vous feriez cela tous les deux ou trois mois, ce serait bien plus efficace que l'obligation de la messe du dimanche. »

En 1988, le pape Jean-Paul II
fête ses dix ans de pontificat,
il discourt sur les mœurs et le sida.

Jean-Paul II et la contraception

Un soir, je dîne chez un cardinal, qui me dit : « Si vous avez l'occasion de rencontrer le Saint-Père, parlez-lui de la pilule. Nous, nous y avons renoncé. » Dieu sait si les discours du pape sont fervents et solides en doctrine, mais il y a bien des faits où il n'est pas dans le coup. Je suis prêt à lui faire des faux papiers, une fausse barbe pour qu'il vienne incognito passer huit jours dans un des bidonvilles de São Paulo. On y croise la détresse, des millions de désespérés, des jeunes filles de quatorze ans enceintes, qui couchent à vingt dans une cabane, qui ne sauraient pas dire de qui est le gamin, incapables d'élever leur bébé quand il naîtra. Et il faut aller leur dire l'abstinence et la continence... C'est criminel.

On a l'impression que cela devient chez lui pathologique, comme une obsession, comme si le bien et le mal gravitaient entièrement autour de la discipline de soi-même.

Ne pas ajouter le crime à la faute

Le devoir du pape, des évêques et de tout croyant est de dire l'appel à la perfection pouvant demander de l'héroïsme, qui nous est présenté par la parole de Jésus. Mais nous sommes des êtres humains. S'il arrive que nous ne soyons pas capables de cet héroïsme, n'ajoutons pas le crime à la faute en dédaignant le moyen contraceptif qui est la seule protection.

Le film de Denis Amar, Hiver 54, *se prépare.*

Je rencontre Maurice Pialat, l'anticlérical

Des amis ont décidé de faire un film sur Hiver 54. À l'époque, le producteur est mort en laissant tout ce qu'il avait en cours sur les épaules de son fils. C'était juste pendant la période du Festival de Cannes. Il me dit : « Nous voulons faire ce film, mais nous n'avons pas assez d'argent. Il nous faut trouver des coproducteurs sans se voir imposer des caricatures. Vous me rendriez un service immense si vous acceptiez de venir au Festival de Cannes. Là, tous les producteurs du monde sont présents. Si Yves Mourousi vous interrogeait deux minutes au journal télévisé, tous les producteurs le sauraient. »

Je m'y suis rendu. Il y avait sur le plateau, Sandrine Bonnaire et Gérard Depardieu, les acteurs du film *Sous le soleil de Satan* et le réalisateur de ce film, Maurice Pialat, un bouffeur de curés, une grande gueule. Après les avoir interrogés, Yves Mourousi se tourne vers moi et me dit : « Alors l'abbé Pierre, vous voilà aussi dans le cinéma ? » J'ai répondu : « Oui, parce que, quand on devient vieux, on a l'impression d'entendre une voix au-dedans qui vous dit : "Avant de t'en aller, dis-nous ce que tu sais !" Et ce que je sais, c'est que la vie est un temps donné à des libertés pour, si tu le veux, apprendre à aimer pour la rencontre de l'éternel amour, dans le toujours de l'au-delà du temps... » Il y a un silence jusqu'à ce que Pialat s'écrie : « Pourquoi ne m'a-t-on pas appris cela quand j'étais enfant ? »

Nous avons vécu là un des très rares moments où l'on a vu le masque tomber.

Le 18 juin 1989 ont lieu les élections européennes.

Sur la liste des élections européennes ?

Lorsque Simone Veil, pour qui je garde beaucoup d'estime et d'amitié, est passée me voir à l'abbaye de Saint-Wandrille pour me demander d'être le second sur la liste européenne en 1989 – elle restait la première, vous pensez bien, ministre qu'elle était –, eh bien, j'ai dit non. Elle a tout de suite compris. Mais son mari s'acharnait au point que c'en était touchant. Il a eu beau insister pour me faire revenir sur mon refus, je n'ai pas cédé.

En 1989, a lieu le bicentenaire de la Révolution française.
C'est l'occasion pour l'abbé Pierre de réfléchir sur les concepts
de liberté, d'égalité, de fraternité mais aussi de partage.

La Déclaration des devoirs de l'homme

Pour que la Déclaration universelle des droits de l'homme ne reste pas une déclaration de bonnes intentions, il faudrait y ajouter la Déclaration des devoirs de l'homme. Chacun a, en effet, le devoir d'accomplir un destin. Et c'est parce qu'il a ce devoir qu'il a le droit de demander à la société et aux parents qui l'ont fait exister d'avoir les moyens d'accomplir sa destinée. C'est le devoir qui devrait être le fondement des droits.

Peu avant sa mort, j'ai eu un long entretien avec Edgar Faure et je lui disais, à propos du bicentenaire de la Déclaration des droits de l'homme, que déclarer des droits, ça ne coûte pas grand-chose. C'est en fait reconnaître des besoins dont on fait la liste. Mais où trouver le principe coercitif qui va faire que cette liste de besoins sera reconnue comme un droit ? On ne l'obtiendra jamais tant qu'on aura pas reconnu que ce petit humain, dès l'instant où il est, a une mission. A une tâche à accomplir par son être ! C'est-à-dire a un devoir. Si bien que le devoir de tous ne peut trouver son vrai fondement que si l'on reconnaît qu'il y a un devoir de chacun. Et là, c'est toute une éducation à recréer.

Je refuse que la loi naturelle régisse la société

Les fondements de la société idéale sont l'exact contraire de la loi naturelle. La loi naturelle, c'est la chaîne de l'évolution. Le maillon faible est nécessaire au bon déroulement de la vie (animale, végétale ou humaine), mais il finira forcément absorbé par plus fort que lui. Alors quand j'entends dire que l'éthique doit se fonder sur la loi naturelle, je ne suis pas d'accord. Cela revient à accepter que les costauds, les puissants, les riches écrasent et maltraitent les petits, les opprimés, les pauvres. Et ça, je ne peux m'y résoudre.

Pour moi la loi morale doit être surnaturelle. Puisque l'homme est le seul animal doué de raison, c'est aussi le seul sur cette terre capable de réguler ses instincts. Il est le seul capable d'organiser la vie sociale pour que chacun y trouve son compte, les enfants protégés par les parents, les vieux soignés par les enfants... Servir d'abord le plus faible, quel qu'il soit. Telle est la clé de la société idéale, qu'il s'agisse d'une famille, d'une communauté ou d'une nation.

Qu'est-ce que la liberté ?

Il peut être un des mots les plus hypocrites du monde... J'ai envie de dire aux sages : Avez-vous réfléchi, avez-vous le courage de regarder en face ce que vous prétendez nous donner comme fondement de la morale, de la loi naturelle ? Vous êtes fous ! Qu'est-ce que la loi naturelle ? C'est que le fort mange le faible. Alors la liberté devient la terreur. Ce n'est pas vrai que nous sommes libres d'aimer ou de ne pas aimer, la liberté n'a qu'un sens : elle est ce quelque chose qui se trouve en nous, êtres humains, ces quelque cinquante ou quatre-vingts kilos de matière très provisoirement capables d'être porteurs de pensées... Nous ne sommes pas libres d'aimer ou de ne pas aimer. Nous sommes libres pour être capables d'aimer.

Un jour, une petite fille disait à sa maman : « Maman, mais avec tout ce que tu m'expliques du catéchisme, je ne peux pas m'empêcher de penser : il en a fait une gaffe le bon Dieu quand il a donné la liberté aux hommes ! S'il n'y avait pas la liberté, si les hommes étaient soumis à une loi qui s'impose à eux, il n'y aurait pas tant de crimes. » Et il a fallu que sa maman lui fasse comprendre : « Oui, ma petite fille, il n'y aurait peut-être pas de mal, mais tu n'aurais pas de maman pour t'aimer et tu ne serais pas capable d'aimer ta maman. » (en réponse à une question de Danielle Mitterrand)

Avec Bernard Kouchner, une certaine idée de la liberté

La liberté, c'est grave, cela nous rend responsable. Et c'est merveilleux. Cela rend capable d'aimer. Cela fait d'un homme comme toi, que tu aies ou que tu n'aies pas la foi, un homme capable d'aimer. Eh bien, moi, cela me suffit. Cela valait le coup que le bon Dieu prenne le risque des vacheries que la liberté avait entraînées. S'il n'y avait pas de liberté, il n'y aurait pas de Kouchner. Parce que ce n'est pas sous la menace que tu t'en vas faire ce que tu fais, c'est librement !

L'égalité, un idéal vers lequel on doit tendre

Si l'on en fait un absolu, l'égalité est une absurdité puisqu'elle est radicalement étrangère à la nature. L'égalité en soi ne veut rien dire, les hommes seront toujours divers, à tous points de vue. Et si on la décrète de manière autoritaire, c'est la dictature qu'on institue, expérience qu'ont connue tant de pays.

L'égalité est un idéal vers lequel on doit tendre, mais on sait qu'il ne sera jamais accompli. Il y aura toujours des disparités familiales, culturelles, de dons, de compétences, de caractères. Ce qui, en revanche, est immédiatement possible c'est que chacun mette ses dons, ses talents, ses compétences au service de tous, dans un esprit fraternel. Alors les inégalités de nature deviennent supportables puisqu'elles sont corrigées par l'honnêteté et la droiture.

Fraternité, la pierre angulaire

L'égalité contre la liberté a donné naissance à la société communiste égalitaire, c'est-à-dire au totalitarisme d'État. La liberté sans l'égalité, a donné le libéralisme, dont nous mesurons chaque jour le caractère profondément injuste.

Ce qui permet de lier liberté et égalité, qui ont tant de mal à cohabiter, c'est la fraternité. Grande oubliée de l'histoire contemporaine, elle est la pierre d'angle sur laquelle peut se construire un nouveau pacte social républicain, unissant religieux et athées. La fraternité implique un engagement libre des individus en vue d'une véritable équité sociale. Tandis que l'idéologie égalitariste impose de manière autoritaire l'égalité au détriment des libertés individuelles, la fraternité se fonde sur la participation volontaire de chacun au bien commun. Elle est un choix à la fois personnel et collectif qui se fonde sur la raison, qui respecte la liberté de chacun pour créer une société juste et harmonieuse. Que ce principe soit inscrit au cœur de notre Constitution est une chance historique pour la France.

Aujourd'hui plus que jamais la fraternité doit s'étendre au-delà de la famille, du clan ou de la nation. La fraternité humaine est universelle. À l'heure où, pour la première fois dans l'histoire de l'humanité, la Terre devient un village, nous sommes condamnés, appelés à de nouveaux partages.

L'avenir est à la solidarité...

Le monde va très probablement traverser de graves crises qui obligeront les nations les plus développées, qui sont souvent aussi les moins peuplées, à faire un choix : ou bien elles se replieront sur elles-mêmes, en préservant l'ordre et les intérêts en place – ce qui, à terme s'avérera intenable et engendrera de nouvelles dictatures et de nouvelles guerres – ou bien elles s'ouvriront à la solidarité.

... et à un monde fraternel...

Cette seconde voie suppose un effort de chacun, un renoncement pour beaucoup à bien des privilèges, en vue d'une redistribution des moyens qui permettra à chaque peuple de développer, à son tour, ses propres richesses. La mondialisation nous contraint à tenter de construire, enfin, un monde fraternel.

... où chacun trouve sa place

Pour la première fois dans l'histoire de l'humanité, on ne se sauvera pas les uns sans les autres. L'humanité, c'est une tribu qui doit traverser un désert, conquérir la Terre. On ne peut laisser massacrer les plus faibles... Il faudra retrouver une place utile pour chacun, une place utile. Autrefois, même l'idiot du village avait la sienne : il tirait le soufflet du forgeron, il mettait le bois dans le four communal.

En 1991, l'empire soviétique se disloque.

Où sont les méchants ?

Nous sommes tous restés babas devant la dislocation de l'empire soviétique, mais, nous, les gens de l'Ouest, nous découvrons aussi que quand le vilain méchant que l'on rendait responsable de ce qui allait mal, y compris de la course aux armements, n'est plus là, nous sommes tout seuls à nous regarder dans la glace, obligés de voir que nous sommes aussi de vilains méchants... L'autre ne serait pas devenu haïssable si nous ne l'avions pas été. La confiance des masses qui le suivaient n'existait que pour fuir notre propre tyrannie. Le vilain est la société dans laquelle nous sommes nés, et que, peut-être, nous avons tolérée trop passivement.

En 1991, la guerre du Golfe fait rage.

Préservons la paix

À la demande de juristes suisses, j'ai fait une démarche auprès de l'ambassadeur du Koweït à Paris et d'un fils de l'émir, ambassadeur à Genève auprès de l'ONU. C'est vrai, j'ai toujours voulu faire plus qu'il n'était faisable pour préserver la paix, plus même qu'on ne sait.

Nous avons banalisé la guerre

Les guerres, aujourd'hui, ne sont sans doute pas plus atroces qu'avant... La grande différence c'est que les moyens de communication se sont perfectionnés. Avec la télévision, nous sommes au cœur de la guerre, matin, midi et soir. Et cela change totalement notre façon de voir le mal. Il y a une sorte de banalisation. Nous sommes là, impatients à l'heure du repas, pour avoir les dernières indications sur le nombre de bombardements, le nombre de nouveaux réfugiés, d'exilés... Je ne pense pas que ce soit pire que ce qui arrivait à d'autres époques. L'époque d'Hitler n'est pas tellement lointaine. Celle de Pol Pot au Cambodge, non plus.

Il nous faut comprendre le malheur des Palestiniens...

Il faut poursuivre inlassablement la construction de la paix. On ne peut pas faire de pronostics mais je pense qu'il est temps de comprendre le malheur des Palestiniens. Depuis quarante ans, ce problème tient en ébullition cette région du monde. Voilà des filles et des garçons de trente, quarante ans, qui sont nés sans patrie ni identité nationale, et qui n'en ont jamais eu. Il n'est donc pas étonnant qu'ils deviennent désespérés, violents et prêts à tout faire sauter. Il y a une certaine analogie entre eux et les filles et les garçons de chez nous qui, n'ayant pas de travail n'auront jamais de logis à eux, et ne pourront donc jamais se marier. Étonnez-vous, avec ça, qu'ils deviennent casseurs.

... et s'interroger sur la notion de terre promise

Après avoir risqué nos vies pour sauver des juifs durant la guerre, après avoir eu tant de sympathie pour Israël, je constate qu'après la constitution de leur État, les Juifs, de victimes sont devenus bourreaux. Ils ont pris les maisons, les terres des Palestiniens. Et s'il est vrai qu'ils ont été attaqués par les armées arabes et qu'ils ont dû se défendre, il y a aussi tout le clan de l'extrême droite juive qui rêve du grand Israël et veut retrouver l'intégralité de la terre promise. C'est un problème très grave et je ne peux pas m'empêcher de m'interroger sur la notion de terre promise, telle que bibliquement elle nous est communiquée. Il s'agit de textes écrits beaucoup plus tard que les événements rapportés, et, à les lire, il me semble que Dieu est en communication téléphonique à toute heure ou par fax avec Moïse et avec chacun. Ça fait beaucoup quand même. Sur quoi se fonde-t-on pour nous faire penser que « Dieu dit » ? Oui, je m'interroge et je souhaite consulter des théologiens à ce propos pour savoir si ces textes sur la terre promise correspondent à la volonté de Dieu.

Le Bénin, un modèle de transition démocratique

Au Bénin, un archevêque a été choisi comme président pour une durée définie de l'Assemblée du peuple. C'est extraordinaire. Le père Isidore a réussi au Bénin ce que l'on a appelé la Révolution blanche. Il n'y a pas eu une goutte de sang après dix-sept ans de pouvoir unique. Quand il a provoqué l'assemblée de ce que l'on a appelé les forces vives de la nation, le deuxième jour, le dictateur lui téléphone et dit : « Demain, je voudrais venir. » Il répond : « Venez. » Quand le dictateur est arrivé, il s'est passé ce que l'on n'avait jamais vu dans l'histoire de l'humanité. Cet homme, qui avait présidé à dix-sept ans d'oppression, entre dans la salle, prend le micro et dit : « J'ai honte de moi. »

La prière me donne de l'énergie

C'est comme les panneaux solaires qui, exposés à la lumière, prodiguent de l'énergie. Ce n'est pas de la chaleur, c'est la lumière qui est la source de l'énergie et qui va alimenter pendant très long-temps. Un jour, on me demandait : « Qu'est-ce que l'adoration ? » J'ai répondu que l'adoration, c'est un éblouissement insupportable. Et la prière, c'est l'adoration. Mais, bien entendu, le petit enfant ou la personne qu'on vient voir à l'hôpital, toutes les souffrances, on les porte dans l'adoration. Voilà, il ne s'agit pas de rabâcher, de forcer Dieu à céder... La prière est faite pour nous convertir, pour nous transformer en énergie. Pour que nous devenions des êtres contagieux.

En novembre 1992, l'abbé Pierre écrit une lettre demandant la création d'un Haut Comité pour le logement des plus défavorisés.

Penser aux plus défavorisés

Prenez garde que vos enfants ne deviennent des petits monstres qui n'auront jamais connu leur peuple, qui n'auront jamais croisé le chemin d'autres enfants aussi dignes qu'eux mais qui vivent pourtant dans des conditions telles qu'un paysan refuserait d'y faire vivre ses cochons. Si demain ils sont sans cœur, ce ne sera pas qu'ils sont méchants, mais c'est vous qui n'aurez pas eu l'intelligence de leur faire voir la réalité.

En 1992, le Bipe (Bureau d'informations et de prévisions économiques) dénombre 202 000 exclus du logement dont 98 000 SDF.

Les hommes politiques ne voient pas les plus souffrants

Vous serez toujours stupides politiquement, à votre très haut poste, tant que votre fille, votre fils, à vingt ans, n'ira pas réellement vivre, un temps au moins, avec les gens qui crèvent, réellement, pour que, quand vous arrivez, vous le ministre, dans votre bureau, et que vous trouvez des rapports, des statistiques, vous ayez une lettre où il y a peut-être des larmes, la lettre de votre fille qui vous écrit : « Papa, voilà comment souffrent les mamans, avec qui je vis, voilà comment meurent les gosses », afin que votre connaissance ne soit pas seulement statistique, mais qu'elle devienne cinglante, car si c'était votre fille qui était comme les mamans dont elle vous parle, vous trouveriez des moyens, tout de suite pour que cela cesse.

Le 14 juillet 1992, l'abbé Pierre écrit à
Pierre Bérégovoy pour refuser la Légion d'honneur.

L'honneur exige de servir les plus souffrants

Votre amical télégramme de la semaine passée m'annonçant ma promotion à la dignité de grand officier de notre ordre national de la Légion d'honneur, m'a vraiment surpris..

Parmi les multiples souffrances humaines, sans moyens capables que soit entendu l'appel de la détresse, il en est une, vous le savez, qui me blesse le plus car elle détruit des familles, et frappe des enfants par dizaine de milliers en France même, alors que notre pays est l'un des sept les plus riches du monde.

Ces dernières semaines, des dizaines de familles de travailleurs sans logis, traquées par la police, ont dû chercher refuge d'églises en églises.

Elles erraient dans les rues, faisant connaître des centaines de locaux habitables (certains propriété de l'État) laissés depuis longtemps vacants, ou murés, ou dont, sous le regard de familles désespérées, l'on faisait (l'été dernier) arracher les toitures !

Les divers pouvoirs, des communes ou du gouvernement, ne font rien qui soit à la mesure d'un tel drame.

À quatre-vingts ans, je n'ai plus la force d'être, dans la honte pour la France, notre patrie, présent parmi ces victimes.

Pourquoi le pouvoir de l'État ne remet-il pas en vigueur les dispositions qui existent depuis longtemps, nous disent les juristes, pour, d'autorité, en attendant d'avoir assez bâti, effectuer au nom de la loi, les « attributions d'office » des locaux vacants, habitables, ou à peu de frais, aménageables ?

Tant que cela ne sera pas, qui donc en France, s'il était véritablement informé, n'exigerait que face à ce drame (le plus cruel parmi les difficultés, réelles mais bien moindres, qui occupent le pouvoir, et causent tant de dégâts dans les agissements des Français, insatisfaits, c'est vrai, mais qui eux, en tout cas, sont logés !), par priorité des priorités, le pouvoir ose appliquer les dispositions établies pour exécuter les « attributions d'office » ?

L'honneur est là.

L'honneur exige que les plus souffrants soient servis les premiers.

Tant que cet honneur reste ignoré, comment pourrait être acceptée, par qui que ce soit, quelque distinction dans l'ordre national ?

Comprenez-moi. Comprenez ces plus malheureux, oubliés, ou traqués par la police comme si leur volonté de vouloir survivre en famille était un délit !

Je ne pourrai accepter ce que votre télégramme m'annonce que lorsque « les attributions d'office » prévues par notre légalité, (et qui, là, sont de nécessité absolue) auront fait cesser cette malédiction au cœur de notre patrie.

Et, dès ce jour, me sentant comme risquant d'être complice de ce qui ne se réalise pas pour les pauvres, me sentant comme outragé par des distinctions (que je respecte et que j'ai aimées) qui sembleraient me désolidariser des plus douloureux en larmes, je décide de cesser de porter l'insigne des distinctions déjà reçues.

Veuillez être assuré, monsieur le Premier ministre, de la fidélité de mon amitié, qui se prouve en ce cri qui ne veut que vous aider dans l'accomplissement des lourds devoirs de votre charge.

Dans le peu d'action que me laissent possible l'âge et la maladie, soyez certain que je vous reste uni dans l'effort de chaque jour pour être servant, offrant, adorant. Fraternellement, abbé Pierre.

Enfin, le Haut Comité pour le logement
des défavorisés est créé.

J'expose les deux conditions à mon refus

À la suite de cette lettre, nous nous sommes rencontrés. J'ai présenté deux demandes pour revenir sur mon refus :

1/ Que le manque de logements soit déclaré « catastrophe nationale », avec toutes les conséquences administratives que cela comporterait.

L'on m'a montré que cela était impossible, car cela suspendrait toutes les récentes décisions de régionalisation. Depuis, donc, je parle de « désastre » et non de catastrophe. Mais ce mot n'entraîne pas d'action dramatique de l'État.

2/ Je demandais la création d'un Haut Comité pour le logement des plus défavorisés. En un mois, ce fut fait : locaux, crédit, nomination de quinze membres (experts et travailleurs sociaux) présidés par Louis Besson, l'ancien ministre du Logement.

Pour la quatrième année, ce Haut Comité exerce une influence très importante et, une fois par an, il est reçu à l'Élysée pour présenter son rapport et ses propositions. Chirac, comme Mitterrand, a donné beaucoup d'attention à ce Haut Comité. Chirac, en début 1996, l'a reçu durant deux heures.

Devant cette situation nouvelle, je porte à nouveau l'insigne de commandeur de la Légion d'honneur. Mais jusqu'ici, je n'ai pas donné suite au décret du 14 juillet 1992 publié par l'*Officiel*, qui me fait grand officier. On pourra placer cette « distinction » sur mon cercueil si on le juge utile.

Les hommes au pouvoir sont aveugles

Même s'il est d'origine populaire, celui qui est au sommet du pouvoir est très aveuglé par la hauteur et la difficulté de sa fonction. Les décisions à prendre, les informations à tenir à jour... tout cela demande beaucoup. Une carrière politique est quelque chose d'ingrat pour celui qui n'est pas là pour s'enrichir ni pour la vanité de la gloriole.

Comment ouvrir les yeux à ce chef de parti ou de syndicat qui, inévitablement, doit consacrer du temps à sa réélection ? Qu'il soit le plus intelligent, le meilleur, l'homme au pouvoir pensera toujours qu'il est plus urgent de rénover le rideau de l'Opéra que de mettre de l'eau et des cabinets dans les taudis. Sa fonction lui fait un devoir d'aller à l'Opéra ; jamais elle ne lui fait un devoir d'aller dans les taudis. Car les détresses les plus accablantes sont muettes.

Dans une démocratie, la priorité des priorités n'est pas le plus grand nombre. Ce sont les minorités, ceux qui ont peu de poids électoral. Or, le pouvoir écoute l'opinion publique qui est l'expression du plus grand nombre, c'est-à-dire de ceux qui ne vivent pas dans la misère.

La faiblesse de la démocratie, c'est également aux heures difficiles de ne pouvoir prendre des décisions qui font mal à tout le monde. Car pour être élu, le candidat est contraint de taire les décisions impopulaires qu'il faudra prendre demain.

Le système politique est à réinventer

La dernière nuit, au quai de la Gare, j'ai tapé sur la table en disant : « En Afrique, je crois, lorsque l'on n'est pas d'accord sur des choses graves dans le village, après la palabre, on s'en remet à l'avis du plus vieux. Et le plus vieux ici, ce soir, c'est moi ! » Tout a été fini. Un chef coutumier m'a dit : « Mon père, ne soyez pas étonné si nous autres, Africains, nous sommes longs à entrer dans le mécanisme de la démocratie. Chez nous, il n'est pas du tout prouvé que c'est le plus grand nombre qui a raison. » Il posait la question du système qui est à inventer. Comment corriger ce que nous avons considéré comme la perle des perles ?

Satisfaire le plus grand nombre ?

J'avais été reçu par le Premier ministre canadien pour régler un problème. Quand il m'a raccompagné, il m'a dit soudain : « Je vous en supplie, mon Père, ne cessez pas ce que vous faites. Il n'est pas rare que l'homme d'État de bonne volonté voie que le bien public exigerait une mesure. Sachant qu'elle serait impopulaire et que l'opinion n'y est pas préparée, il sait aussi que, s'il la prenait, il contribuerait à donner le pouvoir à son adversaire qui, lui, fera le contraire. Votre fonction est indispensable à une saine démocratie. ›

L'abbé Pierre inaugure le Haut Comité
pour le logement des personnes défavorisées.

La priorité : aider les plus pauvres

Une ville qui refuse de mélanger torchons et serviettes, qui n'est belle qu'avec de beaux bâtiments d'ambassade, est une ville maudite.

En 1992, l'abbé Pierre décide de fêter
ses quatre-vingts ans dans le désert.

Je suis allé sur les pas de Charles de Foucauld

Pourquoi va-t-on au désert ? Pour moi, qui y avais déjà vécu trois mois, c'est à la fois, par la solitude dans l'immensité, un regard sur soi-même, minuscule et fragile, et une sorte d'aspiration par ce vide vers une adoration, une faim d'adoration multipliée mille fois.

Ayant connu le Sahara des sables et des oasis de Beni Abbes, je choisis d'aller là où fut tué le père de Foucauld, à Tamanrasset, à 2 800 mètres d'altitude : l'Assekrem, où il ne vécut que quelques mois.

Si j'avais su combien est éprouvant l'Assekrem, je n'aurais sûrement pas osé le désirer, ni demander l'accord des médecins. Mais quelle stupéfiante et écrasante merveille. Ce n'est plus le sable des dunes : le tout n'est que sol noir volcanique, traversé de jets de montagnes de 400 à 500 mètres de haut, qui semblent faites de lave solidifiée en l'air. Je ne peux rien en dire. Je ne peux qu'en dire : « C'est beau. » Mais je sens que je suis ici devant une « démesure indicible ».

Au sommet du plateau, il y a cinq ermitages, à une demi-heure de distance les uns des autres, cabanes de pierres entassées avec une minuscule chambre et un oratoire plus minuscule encore.

Ces huit jours auront été une grande grâce pour ma vieillesse. La sorte de chaos de l'horizon me rappelait de façon harcelante toutes les tueries et les catastrophes du monde. La solitude me faisait devant Dieu, repenser sans indulgence, tous les pas de ma vie.

Je rencontre l'Éternel

Ici, c'est vraiment le chaos. C'est aussi la douleur du monde et la joie de l'espérance dans la certitude qu'à travers nos petits efforts d'amour, nous sommes en chemin à la rencontre de notre éternel amour.

Dans cette solitude, une partie de mon temps est occupée – c'est mon côté bricoleur – à effectuer quelques aménagements de vieux polaroïds pour photographier la splendeur des étoiles. Je bloque l'appareil par mes bricolages de manière à ce qu'il reste en pause assez longtemps. Le résultat est assez stupéfiant. Je cherche à m'orienter vers le pôle Nord, car nous sommes encore dans l'hémisphère Nord. Les étoiles forment un cercle tournant autour du pôle, ce qui donne une impression de mouvement. Cela m'occupe et c'est un des éléments de mon adoration. Et les étoiles, c'est tellement beau. Dans ce désert, il n'y a que les étoiles, il n'y a que la nuit, qui soient vraiment belles. La terre avec son aridité a quelque chose de monstrueux.

C'est inimaginable et indescriptible comme absolu de dénuement. Du point de vue mystique, c'est ce rien, que l'on retrouve dans saint Jean de la Croix, ce rien, en espagnol *nada*, ce rien qui est la rencontre de tout qui est en Dieu. C'est face à ce rien, que l'on prend conscience de l'être de l'Éternel.

Entre le mystère et l'abandon, j'ai choisi

Je n'oublierai jamais ce mot d'un ministre péruvien, ami très cher, mathématicien éminent et agnostique. Un jour, il me dit : « Si l'on a un regard lucide sur la vie, il n'est pas d'autre choix qu'en cette alternative : le mystère ou l'absurde. » Il était conscient que l'absurde conduit à la désespérance et que le mystère, reposant sur la foi en l'Éternel caché qui est Amour, peut être source d'espérance.

La foi n'a aucun sens scientifique

La foi n'est ni le fruit de raisonnements logiques, ni le terme d'un calcul mathématique.

L'adoration est la merveille d'être ébloui sans avoir les yeux brûlés.

Toute la pensée humaine relative au « matériel » est science. Il est un autre domaine dans lequel nous vivons, celui que j'appelle la marque en creux dans la cire. Tout ce qui nous manque est d'une autre nature que le nombre et la quantité.

La vie a un sens

L'espérance est intimement liée au sens de la vie. Si l'existence ne mène nulle part, si elle doit seulement conduire à ce trou dans la terre où l'on met ce peu de matière qui va se décomposer, à quoi bon vivre ? L'espérance, c'est croire que la vie a un sens.

L'univers pourrait être une espèce de mécanique, d'horloge admirable sur laquelle il n'y aurait pas la moindre ombre de désordre. Pour quoi faire ? Est-ce que l'Éternel aurait besoin de jouets pour s'amuser ?

Avoir toujours la volonté d'agir

On peut se demander, en voyant le nombre impressionnant de personnes qui souffrent sur cette terre, pourquoi elles consentent à continuer de vivre ? Elles-mêmes ne l'expliqueraient pas avec des mots. C'est un autre domaine, à la fois mystique, mais aussi très concret, très réaliste. Je disais hier à un malade : « Souris à ceux qui t'apportent tes médicaments. Donne, quand ce ne serait que ça. Tu leur auras peut-être offert un surcroît d'énergie pour accomplir des devoirs difficiles, eux qui peuvent bouger. Toi dans ton immobilité, pense que toute offrande rejoint l'infini. Même dans la maladie, dans l'évidence que l'on ne peut plus rien, qu'on ne fera plus rien... Tu peux toi aussi faire quelque chose ! »

1992, au téléphone, devant la caméra d'Envoyé Spécial,
l'abbé conseille un ami à propos du référendum sur Maastricht,
les sondages n'excluent pas une victoire du non.

Je ne suis pas trop catastrophé. Je pense que la nécessité de la réalité européenne est tellement forte que malgré ce que je peux considérer comme une stupidité, qui est le non, l'Europe n'en mourra pas. Le fait de voir voter dans le même sens, Mitterrand, Giscard, Chirac..., j'en ai une espèce de jubilation qui me fait sourire devant beaucoup des propos de ceux qui s'évertuent à trouver des arguments convaincants pour le non.

En mai 1992, a lieu la réforme de la politique agricole commune.
L'Europe décide de limiter la production
en mettant en place la jachère.

Et si l'on permettait aux Africains de cultiver nos jardins

Un ami africain, qui a été ministre dans son pays, me disait. « Soyez raisonnables. Vous êtes venus coloniser l'Afrique. Ce n'était pas criminel dans la mesure où il y avait tellement de terres incultes et de matières premières que nous n'avions pas les moyens d'exploiter nous-mêmes. Vous êtes venus mettre en valeur nos propres richesses naturelles. Vous en avez fait votre beurre, bien sûr. Mais cela, on peut l'admettre puisque personne d'autre ne l'aurait fait. Eh bien aujourd'hui, puisque les autorités de Bruxelles ordonnent de laisser en friche certaines terres, laissez-nous venir les cultiver. Pas pour le commerce, mais pour manger, tout simplement. Ce serait la moindre des choses. »

Le 17 décembre 1992, l'abbé Pierre s'exprime
sur les problèmes de logement, lors d'une conférence de presse.

Il est plus important de construire des logements que des églises.

*Des entreprises licencient en France
et investissent dans les pays en développement.
Le débat autour de la mondialisation s'engage.*

Je pense aux effets de la mondialisation

Nous sommes entrés dans une époque où les foules s'offrent à travailler en Extrême-Orient pour quatre sous, sans congés payés ni Sécurité sociale, et voici qu'après la dislocation soviétique, des ingénieurs, aussi compétents que les plus compétents parmi les Européens et les Américains, viennent se vendre en sachant qu'ils seront payés à Hong-Kong ou à Singapour dix fois plus que ce qu'on leur propose à Moscou. Il y a là-bas de la main-d'œuvre, de la matière grise, et, dans bien des cas, de la matière première.

Ce fait est nouveau. Et la transition va être horriblement difficile techniquement, économiquement et moralement. La mondialisation n'est pas sans contreparties négatives. On le voit avec l'augmentation de l'exploitation des enfants et des femmes par des personnages sans scrupule qui n'ont aucun respect de l'humain. Et ce n'est qu'un seul exemple parmi des centaines ! Mais sans doute un jour, ces travailleurs qui nous concurrencent en acceptant d'être mal payés sauront se mettre en grève et une compensation interviendra si bien que l'objet produit à Singapour deviendra aussi cher que s'il était fabriqué à Paris.

On n'a pas le droit de ne pas voter !

Ceux qui accèdent aujourd'hui au droit de vote n'ont pas eu à le conquérir. Ils y sont habitués et le considèrent comme de peu de valeur. Il faut en avoir été privé pour en mesurer l'importance. Je suis furieux quand j'entends dire : « En politique, tout le monde a les mains sales, alors je ne vote pas. » C'est intolérable : on n'a pas le droit de dire que la défense du bien commun – car c'est ça la politique –, c'est malpropre.

Le 1ᵉʳ janvier 1993,
le grand marché européen entre en vigueur.
Le 9 mars, à l'émission 7 sur 7,
l'abbé Pierre participe au débat autour du traité de Maastricht.

On va vers l'unité européenne

Je garde avec Teilhard de Chardin une certitude. Je constate, même sans être philosophe ni scientifique, qu'à travers les tragédies qui ne cessent d'empirer, l'humanité converge vers du « Un ». On a commencé à se battre entre voisins à coups de cailloux, puis on s'est groupés en familles. On s'est battus entre familles, puis entre clans, entre tribus, entre nations. Mais chaque fois, on s'est unis. Se sont ensuite créées des fédérations de nations. Les États-Unis ont réussi la leur. Après bien des querelles et des désaccords, l'Europe est en train de se faire. On va vers du « Un ».

Les conflits en ex-Yougoslavie ne sont pas réglés.

Le devoir d'ingérence

Le droit d'ingérence, vite devenu le devoir d'ingérence, est une tentative rigoureuse d'essayer d'éviter les grands massacres et de les prévenir. Avec la disparition de la souveraineté absolue de chaque État, il annonce l'avènement d'une politique morale universelle. C'est la révolution planétaire de cette fin de siècle.

L'abbé Pierre inaugure
la première boutique solidarité d'Emmaüs,
rue Bichat à Paris.

La lente descente aux enfers des SDF

Le taux de mortalité des SDF est très élevé. Trente-cinq pour cent de décès ont une moyenne d'âge de quarante ans. Aucun groupe social n'a un taux de mortalité si important. La frontière est mince. Une lente descente aux enfers. Aucun n'a choisi de mener la vie qu'il mène. Leur seul espoir, ce n'est pas de trouver un squatt, c'est de s'en sortir.

En avril 1993, La Marche du Siècle
réalise une émission chez l'abbé Pierre à Esteville.
Il est avec Pierre Bourdieu
qui vient de publier La Misère du monde.

La question essentielle : que fait-on sur terre ?

La nuit où nous regardions l'homme marcher sur la lune, j'étais avec des compagnons à la Communauté de Bordeaux. Après, à la télévision, il y avait huit à dix notables de l'Académie française, des scientifiques dont la moitié a dit des âneries. Ils nous annonçaient une ère nouvelle, ils nous disaient que l'humanité allait changer. Un de nos bons pépères nous dit alors : « Ils sont bien malins, ils savent aller sur la lune, mais ils ne sont pas foutus de nous dire pourquoi on est sur la terre. » Car à la racine, la question essentielle est : Qu'est-ce qu'on fait sur la terre ? Il ne peut y avoir aucun remède à ces souffrances, à ces misères qui certes ont besoin de lois, de décisions de l'État... mais qui ont avant tout besoin d'amour. Notre civilisation est une coquille vide de son œuf. Elle ne sait plus ce qu'elle est... Ma réponse est que cette civilisation va vers du « Un », et que la souveraineté des nations, c'est fini. Certes il y aura des soubresauts, des crises, on verra s'instaurer des nationalismes dans d'anciennes colonies mais cela ne durera pas.

Nous n'avons pas perdu notre temps

Les mal-logés représentaient 29 % de la population en 1950, aujourd'hui, ils ne sont plus que 9 %. Cela veut dire que tous ceux qui depuis se sont tant bagarrés, n'ont pas perdu leur temps... Mais on dit toujours et cela me fait hurler : « Pas de logements pauvres pour les pauvres, en réalité, cela veut dire pas de logements pour les pauvres »

La noblesse d'État méprise l'instituteur et l'infirmière

L'État ne peut pas tout. On aura beau faire les lois les plus parfaites, il y aura toujours des gens à la dérive, et il faudra toujours des fantassins. Je pense aux instituteurs méprisés par cette haute noblesse d'État, d'un État qui fout le camp, par son corps tout entier que sont les gamins qui emplissent les écoles publiques.

Il faut à tout prix qu'il y ait une réelle considération de l'instituteur. Il finit par être le pouilleux du patelin...

De même j'ai apporté mon soutien aux infirmières en grève. Quand je les ai reçues, je leur ai dit : « Vous ne croyez pas qu'une grande partie de vos difficultés vient du fait que personne n'a vraiment pris conscience que vous n'êtes plus des bonnes sœurs. » Au couvent, la cuisine était prête, le marché était fait, pas de problèmes conjugaux, pas de problèmes avec les gosses, les bonnes sœurs n'avaient plus en rentrant au couvent qu'à prier le bon Dieu et aller dormir.

Un projet de loi vise à condamner les squatters et leurs complices
à des amendes et des peines de prison.
Le 23 novembre 1993, l'abbé Pierre prend
la parole au cours d'une conférence de presse.

Défendons les squatters !

Les squatters ne sont responsables ni de la crise économique ni de celle du logement. Si une de ces lois passe, le lendemain, je me rends coupable, et je viens aider n'importe quelle famille à forcer une porte. Tenez-vous prêts !

Le 1er février 1994, l'abbé Pierre
lance un nouvel appel sur les ondes de RTL.

Unissons-nous face à la misère !

Assez d'indifférence. C'est la guerre ! La guerre de défense contre la misère qui attaque l'univers total des hommes. En Europe, le savez-vous, quarante millions de personnes vivent en dessous du seuil de pauvreté. Dans les banlieues, dans les cités de nos grandes villes, des générations de jeunes sont laissées à l'abandon, sans espoir de logement, sans projet, sans avenir.

Est-ce qu'il faut attendre des catastrophes bien visibles, bien filmées, pour enfin se mobiliser ?

Ce cri s'adresse à chacun d'entre nous, et en premier, à vous mes compagnons et amis, à vous tous qui m'écoutez. Et surtout à vous les plus jeunes.

Ensemble nous avons à détruire la misère qui agresse la planète entière. Elle surgit de partout. À chacun de nous, à nous tous ensemble, audacieux, sans merci, sans repos, de la vaincre. Beaucoup de municipalités et, plus que toutes, celles de certaines grandes villes trahissent – oui trahissent ! – en refusant leurs gîtes aux plus faibles.

La France ne doit plus laisser de logis vides, ni de bureaux vides, ni surtout laisser détruire des lieux habitables sans immédiate nécessité. Commander cela est abominable et peut être criminel.

La France doit bâtir immédiatement et pour tous. Elle en a les moyens : l'argent, la technique, la main-d'œuvre, le sol.

Vous les élus, il est temps d'agir pour que tout le monde ait un logement. Je vous l'ai déjà tant demandé, par parole et par écrit et en acte.

Vous, tous les citoyens, écrivez à votre maire. Lancez des pétitions, déposez-les dans vos mairies avant le 15 mars, pour qu'elles précèdent nos prochaines initiatives communes.

Que celles et ceux qui agiront et qui, en février prochain, seront bien en vie, et même tous les févriers à venir – ce sont souvent les moments les plus durs de l'hiver – que tous se réunissent autour des membres du Haut Comité pour les défavorisés. Ce sont tous des militants et des experts. Ce Haut Comité dont voici deux ans, j'obtenais la création, et les moyens d'agir et de provoquer, en refusant une dignité de la Légion d'honneur.

Tous, réunissez-vous là pour mettre en commun, vos luttes, vos avancées, et fortifier vos déterminations que soient partout servis premiers les moins puissants.

Mes amis, mes compagnons d'Emmaüs de France, et bien d'autres, prendront le relais, soyez en sûrs, pour vous harceler, vous, tous les gens de France, jusqu'à ce que la joie de vivre puisse, enfin, renaître pour tous.

Où trouve-t-on l'argent de la guerre ?

Une famille ne peut vivre que si les grands, les costauds, les forts conditionnent leur manière de vivre en fonction du bébé, du malade, du vieux. Une société, c'est pareil !...

Comment peut-on nous dire que c'est l'argent qui manque pour faire des logements quand on sait que les guerres modernes coûtent au moins un milliard par jour. Mais où trouve-t-on l'argent ? On n'a jamais vu une nation entraînée dans la guerre dire : « Pouce, je ne joue plus ! Ça me coûte trop cher ! »

Ainsi naissent les fascismes

Paris est enveloppé par une ceinture de bombes, et les désespérés, tôt ou tard, la feront exploser. Le désordre de la violence entraînera la répression qui provoquera la haine, donc plus de répression. Les fascismes naissent ainsi.

En avril 1994, débute la guerre civile au Rwanda.

Au Rwanda

Il n'y a que les hommes pour tuer un million d'entre eux pour la victoire d'un chef : des hommes qui ne se connaissent pas s'entretuent sur l'ordre de chefs qui se connaissent et ne s'entretuent pas, chefs qui signeront la paix en se serrant la main, un verre de champagne dans l'autre.

Il y a urgence dans les banlieues

Si elle croit encore en elle-même, la République ne peut pas laisser des quartiers entiers s'enfoncer dans la violence et le désespoir.

Il y a urgence à réagir avant que ne soit consommée la rupture entre les populations, et notamment les jeunes des banlieues, et toutes les institutions, bien au-delà des commissariats de police.

Il y a urgence à changer de méthode : renouer le dialogue avec les habitants eux-mêmes et toutes leurs associations et pas seulement quelques porte-parole souvent autoproclamés, rechercher des voies et les moyens d'expression des populations les plus démunies, redonner à l'autonomie et la responsabilité des résidents leurs places centrales dans le développement social des quartiers.

Il y a urgence à promouvoir des modes d'action plus simples et plus transparents, à mettre en œuvre des réponses plus simples et plus rapides aux demandes des habitants, en particulier des jeunes.

Pour être en difficulté, les banlieues ne sont pas sans ressources. De nombreux jeunes s'engagent dans des projets concrets qui témoignent de leur volonté de participer à la gestion de la cité. C'est avec eux qu'il faut maintenant agir pour que tous les habitants se sentent vraiment reconnus comme des citoyens dans leur vie quotidienne.

L'individualisme et le christianisme

L'individualisme dont vit notre civilisation dans sa décadence, nous devons affirmer en tant que chrétien, qu'il est aussi contraire au christianisme que le collectivisme.

La priorité : servir en premier les plus souffrants

Une civilisation vit tant qu'elle respecte la loi « tu serviras en premier les plus souffrants ». Dès l'instant où cette civilisation sert en premier les plus puissants, elle va droit au suicide.

Nos droits et nos devoirs

Aujourd'hui, on ne parle que de droit des personnes mais jamais de devoir. Chaque être naît avec une destinée, un devoir à accomplir. Tout doit être mis en œuvre pour la réalisation de ce devoir. Le devoir devient, par conséquent, le fondement du droit.

Combattons l'intégrisme...

L'intégrisme est un refuge pour la misère parce qu'il offre un sursaut d'espérance à ceux qui n'ont rien. Que leur mal disparaisse et l'intégrisme perdra ses troupes.

... et le racisme

Tout dans ma vie, dans ma foi, mais aussi dans mon tempérament m'éloigne de ce type d'attitude. Souvenons-nous d'abord que nous sommes tous métis. L'identité française «pure» à laquelle renvoient les idéologues de l'extrême droite est totalement mythique. De par sa situation géographique, la France est en quelque sorte la plage finale de toutes les migrations historiques qui se sont faites d'est en ouest. Elle a aussi par son climat tempéré, attiré de nombreux peuples du Nord et du Sud. Si bien que la France est un mélange, plus qu'aucun pays européen, de Vikings, d'Arabes, de Huns, de Francs, de Wisigoths, etc. Et je dois avouer que je suis particulièrement fier d'être un condensé de l'humanité en tant que citoyen français.

«Ta gueule..., Le Pen !»

Alors quand j'entends un Le Pen hurler : «La France aux Français», je ne puis m'empêcher de lui crier à mon tour : «La France aux Français, oui, je me suis battu pour cela pendant la guerre.» Mais je ne peux pas en même temps m'empêcher de crier : «La Terre aux humains !» Aujourd'hui il est impensable de vivre bien à l'abri chez nous en ignorant la misère qui se propage à nos frontières, notamment en Europe de l'Est et en Afrique.

La xénophobie, une stupidité

Je déteste ceux qui, comme Jean-Marie Le Pen, propagent la xénophobie, le «chacun pour soi». Une telle notion est une stupidité car, quoi qu'il arrive, des transferts de population se feront, à cause des déséquilibres mondiaux existants. Si nous voulons éviter ces transferts, l'un des enjeux de notre temps est de rendre chaque terre de chaque pays la plus fertile et la plus productive possible, afin d'éviter les envois de nourriture en masse qui tuent les petits producteurs locaux.

Le racisme, c'est se tromper de colère...

L'immigration pourrait être une chance pour la France. C'est la seule solution... Ça supposerait la conversion de la France. Un jour, dans une famille, on me questionnait sur ces problèmes de racisme et je répondais que c'était se tromper de colère ! C'est parce qu'on n'alimente pas les colères par leur véritable objet que les énergies humaines vont se trouver des boucs émissaires qu'on incrimine pour tout ce qui ne va pas. Se tromper de colère. Il faut pouvoir faire comprendre aux gens qu'ils se trompent.

... car l'avenir est au métissage

On me plaisante beaucoup à ce propos car j'aime répéter que je suis très attaché au métissage. Seulement, cela ne se fera pas en dix ans. Mais dans les cinq cents prochaines années, je pense que ce sera l'avenir. Sans parler uniquement au niveau culturel, il est très vraisemblable que, par les fusions que l'économie ou même que les guerres provoquent, on aboutira à des différences moins tranchées entre les races.

L'Europe n'a pas que du vice à montrer à l'Afrique, et l'Afrique n'a pas que des vertus admirables à nous offrir. Si cela est bien établi, il n'y a plus de problème.

Le 16 octobre 1994, ont lieu les élections européennes, l'abbé Pierre est à nouveau sollicité pour être tête de liste.

Je suis irrécupérable

Quand les écologistes sont venus me demander d'être tête de liste aux Européennes, l'argument qu'ils employaient, et qui était tentant, était le suivant :

– Vous avez une forte probabilité d'être élu sur votre notoriété plus que sur les valeurs que défend l'écologie. Et comme vous serez le doyen d'âge de l'Assemblée, c'est vous qui aurez à prononcer le discours d'ouverture du Parlement européen. Vous démissionnerez le lendemain, mais vous aurez pu, ce jour-là, dire des choses essentielles qui vous préoccupent. J'ai refusé. On ne récupère pas comme cela l'abbé Pierre.

Le relogement des squatters, une priorité

Étant donné que la ville de Paris ne veut pas avoir l'odieux de faire sortir par les CRS, et que les squatters refusent d'être déportés dans des logements plus éloignés, alors qu'ils ont leur travail dans Paris. Il faut savoir que parmi eux, il y a des employés de la ville et la ville ne les loge pas. Et on dit familles d'immigrés. C'est vrai que la plupart d'entre eux sont de couleur... mais ce sont des immigrés avec statut légal depuis toujours, absolument réguliers qui tous payaient leur loyer, tous les chefs de famille ont un emploi. Nous ne savons pas du tout à quoi nous aboutirons. Mais la seule solution est le recours par le préfet de région à la loi de réquisition qui a été faite en 1945 pour les victimes de guerre.

Mais mettons-nous à la place du maire, il est tout à fait normal qu'il dise : « Il ne faut surtout pas résoudre le problème du logement de ces cent insolents, parce que lorsque nous les aurons relogés, il y en aura cent autres qui vont prendre leur place. Puisque ça paie. » Ils disent : « Ils trichent parce qu'ils veulent passer avant les autres. »

À quoi je réponds : « Dire à chacun son tour, quand il n'y a pas de tour, ça ne veut rien dire du tout. » Je crois qu'au total il y a 65 000 demandes dans la région parisienne dont la moitié est classée prioritaire. Alors que la ville construit peut-être 500 logements pour personnes défavorisées. Et la tentation de toute ville, lorsqu'il y a des quartiers vétustes, est surtout de ne pas les entretenir, de les laisser se dégrader, et quand le toit risque de tomber, de venir avec le sourire, et dire : « Monsieur, Madame, voyez comme on est bon, on vous sort avant que le toit ne vous tombe dessus et on vous a prévu un appartement à vingt kilomètres de Paris. »

Emmaüs vit déjà l'après-abbé Pierre

Quand je me suis retiré, j'avais déclaré lors d'une réunion de responsables : « J'ai marié mes enfants. Je veux bien faire le grand-père mais pas la belle-mère. Je ne m'occuperai pas de ce qui se passe dans chaque communauté. » À l'époque, Emmaüs France existait – il a quand même fallu vingt-cinq ans – Emmaüs International venait d'être créé. Tout ça a progressé, et si je meurs demain matin, tout est organisé pour continuer sans aucun souci. Si Emmaüs devenait le phénomène mythique qu'est l'abbé Pierre, alors ce serait terrible parce qu'une fois l'abbé Pierre mort, ce serait terminé. Or je le répète, une fois que l'abbé Pierre sera mort, je n'ai aucune inquiétude. Il y aura des difficultés comme celles du passé, mais pas plus.

En janvier 1995, l'abbé Pierre s'entretient avec Jacques Delors.
Le débat est animé par Serge Paugam, sur le thème « Conjurer la misère »
et paraîtra dans le premier numéro de Fondations,
revue publiée par la Fondation Abbé Pierre
pour le logement des défavorisés.

Il faut des âges et des niveaux sociaux différents pour civiliser un quartier

Voyez-vous... Ce qui est la plus grande faute, qui est la mienne dans ce qui a été fait il y a quarante ans, c'est de n'avoir absolument pas eu l'idée de prévoir des aires de jeu près des logements... Il fallait sauver les jeunes ménages ! Et là, il faut que je fasse une autre remarque. J'ai constaté, là, une vérité dont on entend parler, mais dont on ne tient pas compte : la nécessité pour qu'une grande agglomération soit saine, de voir se mêler les âges. La présence éducative des grands-parents est fondamentale. S'ils ne sont pas dans le même appartement que celui des enfants, qu'ils ne soient pas trop loin, et que l'adolescent puisse aller tricher un petit peu avec grand-père qui n'est pas l'autorité, qui ne se fâchera pas, à qui on pourra faire des confidences, ce que moi, j'ai vécu quand j'étais gosse. J'avais un grand-père qui voulait fumer et on le lui défendait, il m'emmenait acheter un gâteau, acheter son cigare et il me disait : « Tu ne diras rien à grand-mère ! » Le fait qu'il y ait des âges et des niveaux sociaux différents, civilise le quartier.

On ne se préoccupe pas du type qui gagne 3 000 francs

On estime actuellement à neuf pour cent les foyers qui sont mal logés, c'est-à-dire plusieurs couples dans un seul logement sans eau ou sans électricité. Cela représente plus de cinq millions de personnes en France ! Et personne ne s'inquiète de cette catégorie en dessous de la tranche HLM... On n'est pas exigeant avec eux, on ne leur demande que la sécurité de trois fois le revenu des salaires ! Dans les HLM de Paris, on demande quatre fois. Mais le type qui gagne trois mille francs, comment aura-t-il une place ?

Il faut humaniser le temps libre pour les gens qui ne travaillent pas

Une fraction de l'humanité se trouve confrontée au problème du besoin insolvable, d'autre part, les pays qui eux, sont solvables, doivent gérer le problème du temps libre. Cela me paraît être un point d'une extrême importance, dont on parle très peu. La société industrialisée est condamnée tant que les consommateurs ayant des besoins ne seront pas solvables et que la production de nos industries ne trouvera pas d'acquéreurs. Comment rendrons-nous solvables tous les consommateurs afin de vendre ce que nous produisons (si cela en vaut la peine), et deuxièmement, comment s'en préoccupe-t-on pour inventer d'une manière positive l'humanisation du loisir qui déjà s'impose pour les préretraités, pour les chômeurs, pour les jeunes gens qui n'ont encore jamais travaillé ?

Les déficits s'aggravent, le débat
sur la Sécurité sociale s'amorce.

Une question de bon sens...

S'il n'y a pas une révision complète du système, c'est insoluble La Sécurité sociale ne pourra durer que si chacun est raisonnable, que si véritablement seul le nécessaire lui est demandé. Mais tant que cela n'est pas entré dans la tête des gens, c'est inévitable que la Sécurité sociale soit dans l'état où elle est, en péril ! Et là, nous rejoignons ce que vous dites du sens moral. Le sens moral qui, dans ce domaine précis, s'identifie avec le bon sens, tout simplement !

En janvier 1996, François Mitterrand décède.

Ma dernière rencontre avec Mitterrand

Lors du dernier entretien que j'eus avec François Mitterrand, entretien qui dura trois heures, il me demanda : « Mais, dans une longue vie de péripéties comme la vôtre, avec ses coups durs et ses joies, n'avez-vous jamais connu le doute ? » Je lui répondis : « Si, à seize ou dix-sept ans, j'ai connu le doute absolu par rapport à tout ce qui m'était enseigné. Puis la foi a chassé le doute. Mais une fois le doute vaincu, ma vie n'a jamais cessé d'être tissée d'interrogations. »

Après quatre ans de guerre, Sarajevo est réunifiée, le 19 mars 1996.
L'abbé Pierre participe au débat.

À Sarajevo

Ma génération, celle de Mitterrand, président au début du conflit, a au moins une excuse... Malgré nous, nous ne pouvions pas nous défaire des souvenirs de 39-45. Époque où les salauds étaient les Croates. Avec les Oustachis d'Ante Pavelić, la force politique croate ralliée à Hitler a commis le pourcentage de crimes le plus grand de toute l'Europe. En revanche, les Serbes avaient été des alliés courageux. Donc nous avons porté un jugement instinctif, de mémoire, partial. Entre-temps, les choses avaient tellement évolué que le vocabulaire nazi, c'étaient les Serbes qui l'employaient. Nous sommes restés ankylosés dans des souvenirs qui n'avaient rien à voir avec la réalité. Comment avons-nous pu être aveugles à ce point ?

Difficile après-guerre

Du jour où l'on n'entend plus l'écho des canons, les journalistes se désintéressent de l'histoire, c'est une affaire classée. Pourtant les drames ne sont pas terminés pour autant. En Bosnie, c'est lorsque les gens sont revenus qu'ils ont pris conscience de ce qu'ils avaient perdu en voyant leurs maisons détruites, et ce qui n'avait pas été détruit avait été pillé ! Ils n'avaient plus rien. On avait cessé de parler d'eux tandis que le malheur les frappait d'une manière plus désespérante encore.

> *Le 24 mars 1996, 294 Africains en situation irrégulière*
> *sont expulsés de l'église Saint-Ambroise.*
> *L'abbé Pierre intervient.*

Droit d'asile

C'est une question mal connue de l'opinion. Elle ignore ce qui est à la base du caractère dramatique de l'actuelle situation. On ignore une faute, la nôtre. À un étranger venant demander le droit d'asile, on lui dit : « Vous allez à l'OFPRA. Vous allez remplir un dossier, on vous remet un reçu qui est un permis provisoire de résidence de travail. » Il va chercher du travail, chercher à se loger, on a laissé s'accumuler 100 000 dossiers. Un beau jour Rocard en est averti. Il dit : « Mettez le personnel supplémentaire et informatisez ! » On a mis dans la machine cinq critères. On a mis les 100 000 dossiers. Aujourd'hui sur 12 000 dossiers en région parisienne, 400 ont été agréés. C'est donc 11 600 immigrés qui devraient être reconduits à la frontière... La moitié au moins seront clandestins et le resteront. C'est une affaire très difficile.

Que deviennent les sans-papiers

Les clandestins seront condamnés, mais à la sortie de prison, où vont-ils ? La seule solution est dans l'éveil de la conscience mondiale. Ce qui est grave dans cette affaire, c'est que ça permet à Le Pen de ne plus jouer sur le racisme, mais sur ce qui est beaucoup plus efficace, sur la xénophobie : « Chacun chez soi ! »

Misère et pauvreté

La misère, c'est ce qui empêche d'être homme, la pauvreté, c'est la condition pour être homme. Rien à voir avec un rêve d'égalitarisme. Selon l'Évangile, un chef d'entreprise ou un chef d'État peut être pauvre, s'il a conscience que tout ce qu'il a de privilèges est une dette. Le pauvre de cœur, c'est celui qui ne peut supporter de se voir heureux sans les autres. Il n'a pas à se proposer comme idéal de tout abandonner, mais de faire son métier, d'être honnête, d'œuvrer pour le bonheur de tous, à ce qu'il y ait du travail et un salaire convenable pour tout le monde ; s'il vit avec cette pensée, il est pauvre de cœur.

Je connais une fièvre de curiosité

Pendant des années, j'ai vécu sans lire les journaux, sans même ouvrir un seul livre. Mon temps était dévoré par les appels au secours : dès le réveil je pensais à des planches, à des clous, à des bonshommes qui s'étaient soûlés la veille. Aujourd'hui, c'est avec une sorte de fièvre que je me précipite sur la table des matières de tout livre où j'espère glaner une réponse, un écho à ce qui me préoccupe.

Le philosophe Roger Garaudy publie un ouvrage
aux forts accents négationnistes et antisémites.
L'abbé Pierre qui l'a connu à l'Assemblée nationale,
n'a pas lu le livre mais lui adresse une lettre de soutien.
Ce sera l'emballement médiatique que l'on sait.

À propos de l'affaire Garaudy, j'ai eu tort

En ce monastère, j'ai pu, au calme, lire et annoter le livre, devenu si cruel réveil de douleurs et de querelles passionnées... Ce que déjà je sais c'est que je peux, et je dois dire deux erreurs de ma part.

Premièrement, parlant du crime, au-delà de toute mesure, vécu en notre temps, à partir de l'Europe, et qui a voulu employer toutes les techniques possibles pour tuer plus, et vite, en privilégiant dans l'horreur beaucoup de nos frères et sœurs, de tout âge, en fonction de leur race et de leur foi, je dois déclarer avoir eu tort d'évoquer, comme s'il y avait une analogie, d'autres tueries passées, elles aussi se prétendant inspirées par le Mystère divin. Aucune n'a voulu autant que celle de ce siècle cette monstrueuse sacralisation, ni n'a eu cette ampleur en contrecoups planétaires. Aucun écrit disant ces atrocités, aucun monument, ne sauront jamais les avoir pleinement fixés pour nous-mêmes, et pour les jeunesses qui naissent chaque jour.

Deuxièmement, je n'ai pas su assez dire que ce livre, qui a fait se rouvrir tant de blessures chez quiconque fut proche des victimes (et, de ces proches, j'ai été et je reste pour toujours), m'a paru risquer d'être malfaisant si on ne montre pas, en lui des erreurs, s'il y en a, et surtout, ceux qui le rejettent, ne montrent pas avec force, et sans cesse, les limites du plan où il se situe, et s'ils cessent de redire les réalités en tous leurs aspects.

Je dois m'expliquer

L'une des deux épreuves les plus fortes de ma vie... J'ai tout entendu : « l'abbé Pierre est antisémite, il est sénile, il est devenu lepéniste... » Depuis j'ai retiré mes propos et demandé pardon. Au plus profond de moi, il y avait la douleur dont je savais que souffraient beaucoup de personnes auxquelles toute ma vie m'avait étroitement lié, en particulier mes frères juifs. Je crois aujourd'hui que ces tragiques malentendus provinrent du fait que, imprudent et trop hâtif, j'avais abordé dans un même document des questions de personnes, des questions politiques et des questions religieuses.

Rien n'a cessé de mes liens avec nos frères juifs

Est-ce un signe de l'essoufflement du cyclone après ces temps de folie ? Ces temps où, après qu'ont éclaté les délires ressassant faussetés, haines et railleries dans une simultanéité mystérieuse, et une quasi-identité, après avoir fait de moi hier presque une idole, soudain on me lynchait comme un suppôt de Satan. En dépit de tous ces coups, rien n'a cessé de mes liens les plus profonds avec l'Église, Emmaüs et nos frères juifs.

Quelques mois après l'affaire Garaudy, Jean-François Kahn est venu me voir et m'a dit : « Après vous avoir encensé pendant plus de quarante ans, pour une fois que l'on pouvait écrire des choses désagréables sur vous..., nous n'allions pas rater l'occasion. »

L'abbé Pierre rencontre Yannick Noah, en 1997.

À quoi bon devenir riche et célèbre !

C'est un homme que j'estime beaucoup. Il a énormément reçu de la vie : il est beau, intelligent, et c'est un sportif surdoué. Pendant une période de sa vie, il a cherché à devenir riche et célèbre. Et puis, une fois le sommet atteint, brusquement, il s'est aperçu que tout cela ne menait à rien. Que c'était vain. Et du coup, il a eu envie de partager, de mettre sa fortune et sa notoriété au service de la société, des orphelins, etc.

En février 1997,
Renault annonce la fermeture de son usine de Vilvoorde.
Le 16 mars a lieu l'Euromarche pour l'emploi,
70 000 salariés manifestent à Bruxelles
contre les licenciements causés par cette fermeture.

Je constate les limites de l'Europe sociale

Il est fréquent d'entendre des militants syndicalistes ou même des militants d'actions de charité dire qu'ils se désolent en voyant que l'Europe ne se fait pas par idéal, mais se construit sur fond de business. Historiquement, a-t-on vu deux territoires s'unir pour créer la Sécurité sociale, les congés payés, etc. ? Non ! En réalité, la construction européenne a des fondements d'intérêts stratégiques, économiques et politiques. C'est après que seront réalisés, grâce à des manifestations revendicatives, les progrès sociaux et moraux.

Jusqu'à présent, nous avons laissé dirigeants et technocrates mener cette affaire par le business. Souvenez-vous de la fermeture d'une usine Renault en Belgique, les ouvriers belges se sont mis en grève et ont commencé de manifester. Immédiatement, et même si au premier coup d'œil cela semblait contraire à leurs intérêts, les ouvriers français ont fait cause commune et se sont unis à leurs confrères belges. C'était la première grève, la première manifestation sociale de cette fameuse Europe du business ! C'est un signe d'espoir.

On peut comparer notre situation géopolitique actuelle avec ce qu'avaient essayé de faire les rois depuis Louis XI : après tout, l'unité de la monarchie ne s'est pas faite avec du sentiment.

Le 25 juin 1997, le commandant Cousteau décède.

Mon hommage à Jean-Yves Cousteau

La plus forte raison pour laquelle nous devons lui être reconnaissants, c'est qu'il a donné du rêve, et du rêve qui incite à agir.

Je me mets à l'informatique

Je viens de m'acheter un gros bouquin pour me mettre à l'informatique ; son titre : *Pour les nuls*. Ce titre est très drôle et, en même temps, pathétique quand je pense à tous ces pères de famille au chômage qui, parfois à plus de cinquante ans, doivent tout réapprendre pour ne pas être complètement dépassés.

Le 1er janvier 2000, l'abbé Pierre émet des souhaits
pour le prochain millénaire.

Mon vœu le plus cher pour l'an 2000, c'est la paix dans la justice mais je reconnais que ce n'est pas facile. Tout ce « tam-tam » fait autour de l'an 2000 n'a pas grand intérêt. Cela distrait des vrais problèmes car les gens continuent à crever de faim. L'arrêt d'une guerre, une catastrophe, ce sont des événements. Mais l'arrivée de l'an 2000, ce n'est pas un événement, c'est une journée comme les autres. Un de nos compagnons chiffonniers me disait : « Si j'ai mal aux dents cinq minutes avant l'an 2000, j'aurai toujours mal cinq minutes après. »

Je ne dirai pas comme Malraux que « le XXIe siècle sera religieux ou ne sera pas. » Mais je dirai, assurément, que le XXIe sera fraternel ou ne sera pas. À chacun de nous, quelles que soient la foi ou la pensée qui l'animent, de faire que cette certitude vienne à vivre.

L'humanité doit faire le choix de la sagesse

L'humanité a un choix à faire, un choix qu'elle pratique quotidiennement. Tantôt atténuant le mal, tantôt s'y laissant entraîner. Nous devons agir en faisant, chacun à la mesure de nos forces, ce que nous pouvons pour que le choix de la sagesse ait lieu le plus tôt possible et pour le plus grand nombre.

Il y a encore du travail

Après toutes ces années de combats et de luttes pour améliorer le sort des hommes, je pense que l'œuvre pour la paix et la justice dans le monde a encore de beaux jours devant elle. Je ne suis pas sûr que l'homme réussira.

Le 18 avril 2001, Jacques Chirac remet à l'abbé Pierre,
la grande croix d'officier de la Légion d'honneur.
L'abbé Pierre dénonce l'attitude des autorités américaines
face au réchauffement de la planète.

L'Europe doit mettre en œuvre des politiques porteuses d'espoir

J'arrive de Tananarive. Là le cyclone le plus récent a ruiné des villages entiers. Nous ne bâtissons pas des cabanes mais de vrais logis pour des êtres humains. Jamais je n'avais vu de pareils spectacles, si ce n'est à Calcutta une nuit. Mais à Madagascar c'était pire. C'est par milliers que les enfants en foule le long des rues criaient leur accueil et leur espoir devant ce que déjà nous avons pu bâtir. Oui, là ma raison m'a conduit, pour la première fois en quatre-vingt-huit ans, au bord du blasphème.

Grâce à Dieu ma foi survit quand même, et plus profonde, et je me vois différent de mon passé, devenu plus exigeant et me voulant déterminé, comme citoyen, décidé à lutter pour une autre politique dans les partages du monde.

Les inondations chez nous et à travers le monde ne viennent-elles pas de la folie du réchauffement, degré après degré de notre terre, sous nos océans nuit et jour, faisant évaporer toujours plus d'eau pour, refroidie, s'abattre sur les campagnes et les logis.

Se taire encore longtemps avant de crier au-delà des propos insensés du Président américain, qui proclame refuser d'observer les engagements forts, pris dans l'Assemblée du Japon.

Puisse l'Europe vite se réaliser, et pas pour plus de bénéfices chez les possédants, mais pour offrir des modes de politiques porteurs d'espoir.

On prend au sérieux un député à la retraite

Avoir été député est beaucoup plus important que d'être député, parce qu'alors on vous suit, sans vous soupçonner d'arrière-pensées ; le candidat est toujours un peu suspect ; quand il n'est plus candidat, on le prend alors au sérieux parce qu'il n'a pas d'arrière-pensées. (juin 2001)

Le 11 septembre 2001, deux avions de l'organisation El Quaida
s'écrasent sur les tours jumelles du World Trade Center,
faisant plusieurs centaines de morts.

La leçon que je tire des événements du 11 septembre

Notre solidarité veut être totale. Qu'est-ce que cela veut dire ? Cela veut dire : ensemble, faire saisir la nécessité d'un changement dans les priorités qui conduisent nos sociétés. Un bouclier « anti-missile » devrait occasionner un effort énorme et un budget de milliards de dollars. Certes, mais pour se protéger de quels missiles adverses ? Les missiles de la haine, avant d'être exploits techniques, ne sont-ils pas d'abord un cri contre l'oubli partout des plus souffrants ?

Partout désormais ne peut exister de sécurité que là où on veut que tout soit organisé pour servir en premiers les plus souffrants, et s'interdire la provocation que constituent les politiques montrant l'accroissement sans cesse renouvelé du plaisir de vivre des plus forts. Aidons nos frères d'Amérique, et nos frères de partout où l'on souffre, à tirer, comme nous-mêmes, de ces heures affreuses, la force de se convertir. (20 septembre 2001)

Madame Geneviève Anthonioz de Gaulle,
ancien président d'ATD Quart-Monde, décède le 14 février 2002.

C'était très émouvant cette tombe simple, sans monument, dans un cimetière, près de Genève. D'autant plus émouvant pour moi que c'était tout près du lieu où, au début de la Seconde Guerre mondiale, j'avais fait passer, en Suisse, son oncle très malade, le frère du général, et sa tante.

Le 21 avril, c'est le choc :
Le Pen est au second tour des élections présidentielles.
L'abbé Pierre appelle à voter Jacques Chirac.

Votez Chirac !

Françaises, Français,

Depuis des années, vous me proposez en exemple ! Je serais bien coupable si, après avoir vécu les quatre-vingt-dix années passées, aujourd'hui, je ne vous lançais pas un cri tragique.

Je vous en supplie ! Souvenez-vous et enseignez à vos enfants comment, dans ce temps, un homme a fait que, en quelques années, des millions de personnes de toutes les races soient broyées, mises à mort dans les pires supplices. L'homme, par qui cette catastrophe est venue, a été élu, soutenu par l'argent, l'industrie et beaucoup d'intellectuels qui ont compris trop tard.

Parce que j'ai voulu à cette époque faire partie de ceux qui ont risqué leur vie pour sauver, faire s'évader le plus que l'on pouvait, j'ai le droit, non, le devoir, alors que la France peut tout craindre des mensonges intelligents, oui, j'ai le devoir de crier : « Votez Chirac. Ne vous laissez pas duper par son adversaire, ma génération a trop souffert pour se taire et se tromper à l'heure présente ! »

Le 18 mai 2002 a lieu l'assemblée générale d'Emmaüs France,
Martin Hirsch remplace Jean Rousseau
à la présidence du mouvement.

Un mouvement, comme le nôtre, qui a dépassé cinquante ans d'existence, a eu besoin bien des fois de remplacer ses responsables. Et il a toujours su trouver ceux qui étaient capables de prendre la suite.

L'interpellation, fonction essentielle d'Emmaüs

Appliquez-vous à parler, là où vous êtes, dans votre ville, dans votre quartier, prenez l'habitude de faire prendre conscience à la population composée de braves gens qui ont aussi leurs soucis, qu'il y a tant de misères autour d'eux. C'est une des fonctions d'Emmaüs que de parler de cette manière.

Depuis des années,
l'abbé Pierre s'insurge contre « La Marseillaise ».

Les Français sont très attachés à leur hymne national si bien qu'on n'arrivera jamais à leur faire admettre son remplacement. Mais peut-être, peut-on faire passer un seul changement : supprimer l'expression raciste « sang impur » et la remplacer par « sang ennemi ». En effet ce qualificatif d'impur est intolérable pour tous ceux qui ont connu cette période où le nazisme introduisait la notion de pureté du sang. Il y aurait d'ailleurs sans doute matière à ce que des parents attaquent en justice l'institution scolaire pour apprendre de la maternelle à Polytechnique cette expression odieuse. On entend souvent dire qu'on ne peut pas changer un hymne national. Pourtant des pays comme la Russie ou la Chine l'ont changé.

*L'abbé Pierre lit beaucoup,
en particulier des ouvrages mystiques.*

J'étudie le mystère du bien

Je viens de finir un livre sur le duc d'Enghien et je suis en train de lire une biographie sur Mermoz. Je lis aussi beaucoup d'ouvrages mystiques, en ce moment les cahiers mystiques d'un prêtre catholique devenu anglican. Il y a quelques années, j'avais voulu étudier le mystère du mal. Théodore Monod était venu me voir et m'avait apporté les écrits de son père, théologien protestant, sur le mystère du mal. Il m'avait dit : « Je vais mourir, c'est un des derniers exemplaires que je possède, je vous le confie. » C'était une somme de 3 000 pages, qui n'avait pas été feuilletée ; je devais découper les pages. J'ai travaillé pendant quelques mois sur ce mystère du mal, j'ai étudié beaucoup d'autres ouvrages et puis j'ai abandonné. D'ailleurs, je n'ai fait que suivre le conseil du père de Théodore Monod qui avait dit : « Si j'ai un conseil à donner, ne vous mettez jamais à étudier le mystère du mal, étudiez plutôt le mystère du bien. »

J'ai lu le Coran, pas en entier, mais j'ai été déçu, il y a quelques passages poétiques mais beaucoup de rabâchage. En fait, le texte mystique que je préfère, c'est l'hymne des créatures de saint François d'Assise.

Une vie est pleine d'imprévus

Ce qui caractérise la vie des gens comme sœur Emmanuelle, le père Pédro, moi ou d'autres, c'est qu'elle est pleine d'imprévus, à l'image de la vie de saint François d'Assise. Ce sont des vies qui ont été des consentements plutôt que des choix.

*À l'occasion du troisième salon Emmaüs, le 2 juin 2002
l'abbé Pierre accueille Boutros Boutros Ghali,
l'ancien secrétaire général de l'ONU.*

Je veux dire aussi, à tous les gens qui sont venus nombreux pour nous aider, combien cet argent, qu'ils vont laisser aujourd'hui, à nos stands, va nous être utile, pour aider, ici une maman à élever ses petits, là une famille à retrouver un logis et l'espoir. Oui, ce partage-là, à travers les frontières, à travers les cultures, à travers les catégories sociales, il est l'exemple d'une mondialisation à visage humain.

Ce partage-là, il porte en lui, l'espérance de la justice, pour tous les hommes. Il fait de nous tous, les soldats de la misère à la guerre.

Songez que tous les groupes Emmaüs de France donnent ensemble, pour les pays pauvres, 3 % de leur recette annuelle. Vient s'ajouter à cela, bien sûr, tout ce que ces groupes donnent en France, à l'entour de chez eux.

3 %, cela ne paraît pas beaucoup, mais c'est pourtant énorme, au regard de ce que font les États des pays riches. On nous dit que ces puissances se seraient décidées à donner 0,7 % de leur produit intérieur brut pour les pays pauvres et on ne sait pas si cet engagement sera tenu.

Et nous, petits chiffonniers d'Emmaüs, on donne 3 %. Je ne peux pas croire, que ce que nous, les petits, nous arrivons à faire, les grandes puissances ne puissent pas le faire. Si elles mettaient autant d'argent à aider les pays pauvres, qu'elles en mettent à éradiquer le terrorisme, alors c'est certain, il n'y aurait plus de terroristes...

... Voilà, je ne veux pas parler trop longtemps. Merci à vous tous, de tout ce que vous faites et sachez que votre vieux grand-père, dans sa quatre-vingt-dixième année, est avec vous toujours dans l'offrande de chaque journée.

Références

Cet ouvrage est né de nombreux entretiens avec l'abbé Pierre et d'extraits de ses archives, notamment ses *Carnets de Jeunesse* de 1927 à 1931, non publiés et ses éditoriaux dans la revue *Faims et soifs* de 1954 à 1992 et d'autres publications.

Les médias

« Le Jour du Seigneur », TF1, entretien avec Jacques Paugam, Noël 1981.
« Envoyé spécial », France 2, reportage de Caroline Glorion, 1992.
« La Marche du Siècle », FR3, avril 1993.
« 7 sur 7 », TF1, 9 mars 1993.

RTL, 1er février 1954.

RTL, 1er février 1994.

RMC, novembre 1983.
France Inter, entretien avec Philippe Caloni, 1993.
France Inter, « Le téléphone sonne », 1er février 1994.

L'Express, 29 septembre 1989.
La Vie, 28 mars 1991.
Fondation, janvier 1995.
Journal du dimanche, 31 décembre 2000.

Erik Van Laere, *Henry Grouès, dit l'abbé Pierre*, film, 2001.

Remerciements

Nous tenons à remercier Françoise Malvezin ;
ainsi que : Hélène Colas, Laurent Desmard, Jean-Louis Pouyer,
Jean-Marie Vienney et Jean Rousseau pour leur aimable collaboration.

TABLE

DANS LA COLLECTION « DOCUMENTS »
au cherche midi

Composition et mise en pages par DV Arts Graphiques à Chartres
Imprimé en France par la Société Nouvelle Firmin-Didot
Dépôt légal : juin 2002
N° d'édition : 151 - N° d'impression : 61074
ISBN : 2-74910-015-1